Lucian Blaga

Die rumänische Seele

Austria: Forschung und Wissenschaft

PHILOSOPHIE

Band 21

LIT

Lucian Blaga

Die rumänische Seele

Aus dem Rumänischen übersetzt
von Rainer Schubert

LIT

Dorli Blaga
in Verehrung und Dankbarkeit gewidmet

Dieses Buch wurde mit finanzieller Unterstützung des Rumänischen Kulturinstituts (Institutul Cultural Român ICR) publiziert.

INSTITUTUL CULTURAL ROMÂN

Originalausgabe: SPAŢIUL MIORITIC von Lucian Blaga

Gedruckt auf alterungsbeständigem Werkdruckpapier
entsprechend ANSI Z3948 DIN ISO 9706

Bibliografische Information der Deutschen Nationalbibliothek
Die Deutsche Nationalbibliothek verzeichnet diese Publikation in der Deutschen Nationalbibliografie; detaillierte bibliografische Daten sind im Internet über http://dnb.dnb.de abrufbar.

ISBN 978-3-643-51129-4 (br.)
ISBN 978-3-643-66129-6 (PDF)

Garnisongasse 1/19
A-1090 Wien
Tel. +43 (0) 1-409 56 61 Fax +43 (0) 1-409 56 97
E-Mail: wien@lit-verlag.at https://www.lit-verlag.at

Auslieferung:
Deutschland: LIT Verlag, Fresnostr. 2, D-48159 Münster
Tel. +49 (0) 2 51-620 32 22, E-Mail: vertrieb@lit-verlag.de

Inhaltsverzeichnis

Vorbemerkungen des Übersetzers

Wörtlich übersetzt hieße der Titel des Buches „Der mioritische Raum“. Aber der deutschsprachige Leser wird sich unter dem rumänischen Originaltitel „Spaţiul mioritic“ nicht viel vorstellen können. Das rumänische Wort „spaţiul“ kommt vom lateinischen Wort „spatium“ und ist aus dem englischen Wort „space“ geläufig. Rätselhaft bleibt dann die Bedeutung des Adjektivs „mioritisch“. Was ist damit gemeint und inwiefern lässt sich der für den deutschsprachigen Leser unverständliche Titel „Der mioritische Raum“ in „Die rumänische Seele“ übertragen?

Mit dieser Frage ist man unversehens im inhaltlichen Kernstück des Textes angelangt. Dass es sich um ein kulturelles Spezifikum handelt, lässt sich unschwer aus dem Wort „rumänisch“ herauslesen. Aller Klärung bedürftig ist aber nicht für den Leser allein, sondern für den Autor selbst, sich die Seele als Raum vorzustellen. Nach Blaga hat die Seele zum Unterschied des abstrakten dreidimensionalen und unbegrenzten, anschaulichen Raums einen räumlichen Horizont. Der abstrakte dreidimensionale Raum, wie etwa die reine Anschauungsform bei Kant, ist ein Konstrukt des Bewusstseins, während der „seelische Raum“ unbewusst allem kulturellen Schaffen, ob in Kunst, Architektur, Religion und Metaphysik, vor allem aber der Volkskunst wie dem Lied, der Dichtung, dörflichen Häusern, Trachten und Ornamentik vorgelagert ist. Im radikalen Unterschied zur Psychoanalyse, mit der ja das Unbewusste als chaotisches Sammelbecken verdrängter sexueller Inhalte in Verbindung gebracht wird, hat es bei Blaga eine feste Struktur, die jedenfalls stabiler ist als der äußere Raum der Landschaft, der je nach Aufenthalt des Menschen variieren kann. Erst die Seele gibt dem äußeren Raum sein spezifisches Aussehen. Nicht die Landschaft formt die Seele, sondern die Seele die Landschaft.

Die Struktur der rumänischen Seele, verstanden als Volksseele, wird bei Blaga also von einer unbewussten Räumlichkeit hergeleitet, die in erster Linie der Schäferhirte erlebt, der von der Hochgebirgsweide ins Tal und dann wieder zu einer nächsten Weide hinaufwandert. Dieses Auf- und Ab-Wandern wird von der rumänischen Seele so tief verinnerlicht, dass es zu einem wellenförmigen Archetypus des kulturellen Stils kommt. Der seelische Raum richtet sich nach dem seelischen Innenleben des Schäferhirten, der ein dazupassendes Lied vor sich her singt, die sogenannte „Mioriza", was auf Deutsch „Lämmlein" bedeutet. Der seelische Raum ist nach Blaga daher unbewusst „mioritisch", und so lässt sich der zunächst unverständliche Titel „Der mioritische Raum" als „Die rumänische Seele" übersetzen. Das Ensemble der Komponenten dieser spezifischen Seele bezeichnet Blaga als deren „Raummatrix". Sie ist so fest im rumänischen Gemüt verankert, dass sie auch außerhalb der wellenförmigen Berglandschaft zum Ausdruck kommt.

„Unter Anerkennung, dass die rumänische Volksseele eine vollkommen gefestigte Raum-Matrix besitzt, müssen wir annehmen, dass der Rumäne unbewusst auf einer ‚Hochgebirgsweide' lebt, oder, genauer gesagt, im mioritischen Raum, selbst dann, wenn er in Wirklichkeit, was seine bewusste Sensibilität betrifft, schon seit hunderten von Jahren sein Leben auf der Baragansteppe (Anm. d. Übers.: Tiefebene im Südosten Rumäniens) verbringt. Das rumänische Flachland ist von der Nostalgie nach der Hochgebirgsweide erfüllt. Und weil der Bewohner des Flachlandes nicht mehr diese Hochgebirgsweide um sich haben kann, schafft sich die Seele einen atmosphärischen Ersatz für sie: der Gesang tritt an ihre Stelle." (Vgl. S. 22)

Es ist der wehmütige Gesang der sogenannten „Doina", einer wehmütigen rumänischen Volksweise. Mit Recht wird sich aber der Leser fragen, wieso die rumänische Seele in allen ihren Ausdrucksformen nur vom auf und ab wandernden Schäferhirten her stammen sollte. Schließlich gebe es ja nicht nur eine rumänische Volkskultur, sondern auch eine Hochkultur von beachtlichem geistigen Format. Lucian Blaga selbst wäre ein Beispiel für einen Vertreter europäischer Kultur und sei beileibe kein Schäferhirt.

Selbstverständlich ist sich Blaga dieser Frage bewusst und kommt an mehreren Stellen, einmal sogar in einem ganzen Kapitel (vgl. „Evolution und Involution") darauf zu sprechen. In der Tat ist Blaga der Auffassung, dass die rumänische Hochkultur sich gesamteuropäischen Einflüssen verdankt, der originäre kulturelle Kern des Rumänentums aber der Volkskultur und deren Sehnsucht nach der wellenförmigen Hochgebirgsweide entstammt.

„Wie im Kreis kommen wir wieder auf die ‚Hochgebirgsweide' zurück. Denn der unbewusste Raumhorizont pflanzte dem Rumänen, wo immer er sich befand, die Sehnsucht nach der Hochgebirgsweide ein. Diese verfestigte Nostalgie trug den walachischen Hirten im Mittelalter über alle Gebirgskämme der Karpaten, von der Donau bis in die Maramuresch, von hier weiter nach Mähren, oder umgekehrt; und genauso auch über alle Hochgebirgsweiden Jugoslawiens bis in die pannonische Tiefebene, also überallhin, bis an die Grenzen eines riesigen Territoriums, an denen die Landschaft das Verlangen nach einem unbewussten Horizont stillte. In grauen Vorzeiten, gerade im langen Vorspiel der jetzigen ethnischen Formationen, als der Rumäne keinerlei Heimat hatte, bot ihm die Hochgebirgsweide, diese heilige Hochlandschaft, die einem bestimmten Schicksalsgefühl seine höhere Weihe verlieh, eine Art Heimat an." (Vgl. S. 28)

Dass wir „wie im Kreis auf die Hochgebirgsweide zurückkommen" hat bei Blaga noch die tiefere Bedeutung der zeitweiligen Ungeschichtlichkeit der rumänischen Seele. Um ihren kulturellen Kern zu behaupten, zieht sie sich nach Blaga aus der Geschichte wie ein Schalentier in sein Gehäuse zurück. Blaga spricht sogar von einem „Boykott" der rumänischen Seele gegenüber der Geschichte. Die rumänische Seele verflüchtigt sich in eine bloß „organische", geschichtslose Existenz. Sie produziert weiterhin Volkskultur, aber auf bescheidenerem Niveau. Durch ihren Rückzug aus der Geschichte wehrt sie sich gegen alles, was nicht ihrem Stil entspricht. Sie stellt sich gleichsam taub gegen äußere kulturelle Einmischungsversuche. Diese bleiben alle erfolglos. Schon am Beginn des Rumänentums, der nach Blaga übrigens nicht eindeutig datierbar ist (vgl. S. 159) brachte die „barbarische Völkerwanderung“ … „ein Durcheinander und zerstörte schließlich jede Möglichkeit einer geschichtlichen Fortentwicklung. Das damals beginnende Rumänentum bedeutet daher eine Art „Rückzug“ aus der „Geschichte“, aus deren Abwechslung und Dialektik in ein Leben, das zwar nicht der Kultur oder der Form entbehrt, aber ungeschichtlich ist. Für einige Jahrhunderte musste das vorrumänische und später dann das rumänische Leben unter dem Druck von Ereignissen, die wie Blitze aus allen Richtungen in den Geist Dakiens einschlugen, auf „Geschichte“ verzichten und sich mit einer unzeitlichen, bloß organisch-seelischen Existenz zufriedengeben. Diese eigenartige Lebensform war dazu verurteilt, sich unter eingeschränkter Autonomie zu behaupten. Sie reichte gerade aus, die eigene Existenz zumindest passiv zu verteidigen. Auch genügte diese Lebensform gerade noch, bestimmte ihr immanente Möglichkeiten für bessere Zeiten aufzusparen.“ (Vgl. S. 146)

Inzwischen vergingen viele Jahrzehnte, in denen sich die rumänische Kultur immer wieder auf sich selbst zurückziehen musste, um äußeren und ungeliebten Einflüssen zu trotzen. Aber auch im 20. Jahrhundert, in dem Rumänien ein eigener Staat wurde, kam es zu politischen Maßnahmen, die keineswegs der rumänischen Volkskultur entsprachen. Der vorliegende Text Blagas („Spaţiul mioritic“) erschien 1936, also noch vor den Jahren des 2. Weltkriegs und den nachfolgenden Jahrzehnten des Kommunismus. Blaga beendet seinen Text daher mit großartigem Optimismus:

„Eine aufmerksame und genaue Untersuchung unserer Volkskultur führt aber zum trostreichen Schluss, dass es eine rumänische Stilmatrix gibt. Wir behaupten zu Recht, dass ihre latenten Seiten noch ein großes Entwicklungspotential enthalten. Ohne einen Widerspruch befürchten zu müssen, können wir sagen, dass wir reichlich über außergewöhnliche Fähigkeiten verfügen. Nüchtern beurteilt glauben wir, dass unsere künftige Kulturblüte Licht auf unser Stück Erde werfen wird. Ohne uns Illusionen zu machen, können wir hoffen, dass der Stolz unserer geistigen und historischen Initiativen dann und wann wie ein Funke auf die führenden Köpfe anderer Völker überspringt. Den Rest müssen wir dem Schicksal überlassen.“ (vgl. S. 184)

Danksagung des Übersetzers:

Großer Dank gebührt dem Rumänischen Kulturinstitut Bukarest für die finanzielle Unterstützung der Übersetzung. Auf diese Weise wurde möglich, einem deutschsprachigen Publikum eines der populärsten Werke Lucian Blagas vorzustellen.

Wien, im September 2022 Rainer Schubert

Der seelische Raum

Es wurde schon so oft behauptet, dass die Musik eine Kunst der Abfolge sei, und dass sie, wenn sie auf das innere Potential ihres Stoffes reduziert wird, also auf Klang und Ton, keinen Berührungspunkt mit der Welt des Raumes habe. Diese zur Formel gewordene Meinung ist zu einem Gutteil ein Konzentrat an Oberflächlichkeit und billiger Übereinkunft. Man höre sich einmal eine Passion oder eine Kantate von Bach an. Man versetze sich ganz in das Klangfeld dieser Musik und lasse sich darauf ein, allen ihren Kraftlinien seelisch so weit wie möglich nachzuspüren. Noch bevor wir von dieser zauberhaften Umhüllung loslassen, sollten wir fragen: Innerhalb welchen räumlichen Horizonts lebt die Seele, die über sich in dieser Musik spricht? Jeder wird die Antwort mühelos geben können, weil sie die Einzige ist, die auf der Hand liegt: In der Musik von Bach gibt es einen pulsierenden und überwältigenden räumlichen Horizont, der überdies eine ganz spezifische Struktur hat: es ist der unendliche Horizont, unendlich in all seinen ihn bildenden Dimensionen! Man erspürt die Art des Horizonts – aus dem Rhythmus und der inneren Entwicklung der Musik, so wie man aus dem Flug des Vogels die Weite des Raumes, den er um sich herum fühlt, abschätzt. Diese Feststellung beinhaltet gewiss auch ein Paradox: Die kraft ihrer Mittel und deren Struktur mit dem Raum verbundenen Künste, wie etwa die Malerei oder die Architektur, vermögen ihren weiten räumlichen Horizont nicht so überzeugend zu vermitteln, wozu die Passion, Kantate oder Fuge von Bach imstande sind.

Das Paradox ist für uns auch deshalb von Interesse, weil es zeigt, dass unser Unbewusstes bestimmte Horizonte beherbergt, die sich so sehr vorzudrängen versuchen, dass sie sich mit scheinbar zweckentfremdeten Mitteln Ausdruck verschaffen. Die expressiven Möglichkeiten der Musik beweisen dies eindringlich.

Wenn wir die Erfahrungen mit der Musik Bachs auch für andere Beispiele heranziehen, so wird man sehen, dass die räumlichen Horizonte, die uns die Musik vermittelt, nicht immer ein und dieselben sind, sondern stark variieren. Angenommen, einer unserer Leser habe irgendwann die Gelegenheit gehabt, ein russisches Volkslied zu hören. Wir fordern ihn auf, es sich nochmals anzuhören, in Wirklichkeit oder in der Erinnerung. Ist er einmal durchdrungen von der besonderen Melancholie und der aufwühlenden Verzweiflung des Liedes, so sollte er sich fragen: in welchem innerlich geformten Horizont lebt die menschliche Seele, die das Leiden auf diese Weise und in dieser Art ausdrückt? Man wird unschwer feststellen, dass im russischen Lied etwas von der Traurigkeit einer Seele mitschwingt, die, ob ruhend oder wandernd, fühlt, dass sie niemals ihr Ziel erreichen wird, d. h. etwas von der herzzerreißenden Hoffnungslosigkeit des Unfassbaren. Im Rahmen unserer Überlegungen zeichnet sich aber die gesuchte Antwort ab, nämlich die unendliche Ebene der Steppe als Hintergrund und Perspektive des russischen Liedes. – Ein anderes Beispiel: Man höre sich ein Alpenlied an, mit seinen gurgelnden Kaskaden, mit jenem übereinander gelagerten Echo wie Rufe aus gebirgigen Schlünden, mit jenem kräftigen Wind, der sich rau wie ein Felsen anfühlt und eisig wie ein Gletscher ist. An der Rückseite der Alpenlieder spüren wir deren eigenen räumlichen Horizont, und nur diesen: den in die Höhe reichenden Raum, steil abfallend wie die Form eines Blitzes, wie das Profil des großen Berges. Oder: Hören wir uns die Melodie eines argentinischen Tanzes an, eine Melodie, die heutzutage durch die sich mechanisch drehenden Schallplatten so popularisiert wurde. Auch in diesen Liedern für Akkordeon wird, vom Rhythmus und dem klanglichen Umfeld her, eine Melancholie erzeugt, eine brennende Melancholie des Körpers, die, hitzig wie Sonnenglut, im Menschen aufkommt, der inmitten der südamerikanischen Pampas auf die Lösung einer inneren Spannung wartet, allerdings ohne Hoffnung, weil diese Anspannung sich durch nichts beseitigen lässt. Auch hier ist die Rede von einem inneren Zustand, der sich auf natürliche Weise und der jeweiligen Zeit entsprechend inmitten eines bestimmten Horizonts gebildet hat. Zwischen der Sehnsucht und dem Ziel kommt in der Seele des Südamerikaners anscheinend ständig die unüberwindliche Weite der Pampas zu liegen.

Mit diesem Beispiel heben wir nicht so sehr den Einfluss der Landschaft auf die Musik hervor, sondern die Art und Weise, wie sich die Landschaft in das Gefüge einer Seele integriert und diese ihr spezifisches Gepräge davon erfährt. Wir sollten uns aber nun auch Beispielen aus unserer unmittelbaren Umgebung zuwenden. In derselben Absicht, einen spirituellen Horizont in Worte zu fassen, wollen wir uns eine Doina[1] anhören. Nachdem wir uns ein wenig mit der Deutungskunst verborgener Hintergründe vertraut gemacht haben, fällt es nicht schwer zu erraten, dass auch die Doina einen im Hintergrund liegenden Horizont von ganz eigenem Profil hat. Dieser Horizont ist die Hochgebirgsweide. Sie ist eine Hochebene, offen, auf einem grünen Bergkamm und sanft geneigt ins Tal abfallend. Wenn eine Doina gesungen wird, aber nicht mit künstlicher Sentimentalität eines Städters in einem maßgeschneiderten Kostüm, und auch nicht von einem Zigeuner aus der Peripherie, der sich unnützen Arabesken hingibt, sondern von einer Bäuerin oder Schafhüterin, mit einem präzis und genau auf das Lied abgestimmten Gefühl, mit der Stimme eines Körpers, der aufgrund des Antriebs und Gehorsams einem Schicksal gegenüber jahrzehntelang Berge erstieg und Täler durchwanderte, so ruft dies einen spezifischen Horizont hervor: den Horizont der Höhe, der rhythmisch und unbegrenzt aus Hügel und Tal besteht.[2]

Man wird uns entgegnen, dass die Angleichung eines Liedes an einen Horizont nur etwas ausdrückt, was schon so viele Male versucht wurde, nämlich die Beziehung zwischen Musik und einer bestimmten Landschaft herzustellen. Aber derlei Aussagen haben nur den Sinn einer ersten Annäherung an die weniger fassbare Festlegung der These, die uns leiten soll. Wir präzisieren und differenzieren die einzelnen Momente der Reihe nach. Zunächst werden wir hervorheben, dass im Falle der Beziehung, welche wir eben dargestellt haben, nicht in erster Linie von einer Landschaft überhaupt die Rede ist, sondern eher von einem Ho-

[1] Wehmütige rumänische Volksweise

[2] Die Vorstellung des wellenförmig Unbegrenzten als spezifisch rumänischer spiritueller Horizont habe ich erstmalig in der Zeitschrift *Darul Vremii* (Cluj, Mai 1930) herausgearbeitet.

rizont, dessen Struktur die wesentliche Rolle spielt, ohne Zusätze und malerische Ausfüllungen, d. h. von einem räumlichen Horizont und seelischen Akzenten, die der Horizont vonseiten eines menschlichen Schicksals erfährt, einer Bestimmung, die sich aus einer gewissen geistigen Ausrichtung und einem gewissen Temperament, aus gewissen Lebenswegen und aus einer gewissen Leidenslast herausgebildet hat. Die Beziehung, über die wir sprechen und die in erster Annäherung eine einfache Entsprechung zwischen Lied und Landschaft zu sein scheint, werden wir bis zu jenem Punkt vertiefen, wo sie das menschliche Wesen selbst offenlegt und in gewissem Sinne die schöpferische Art und Weise des Menschen darstellt.

Die verschiedenen Momente und Umstände raten dazu, den Horizont, der in einem Lied mitschwingt, eher in der menschlichen Seele als in der Landschaft zu suchen. So gelangen wir zum Kern des uns beschäftigenden Problems. In einem Lied hallt nicht so sehr die Landschaft in ihrer Fülle und ihrem Reichtum an Eindrücken wider, wie ihr Erdboden und ihre Felsen, ihre Gewässer und Gräser, sondern vor allem ein aus Linien und Hervorhebungen gegliederter Gesamtraum, der irgendwie schematisch strukturiert ist und jedenfalls den unmittelbaren und zufälligen Formen der Natur entnommen wird, ein artikulierter und nur in seiner grundlegenden Statik und Dynamik gefestigter Raum. Welchem speziellen Umstand ist es nun zu verdanken, dass in einem Lied ein bestimmter Raum überhaupt zum Schwingen gebracht werden kann? Es scheint nur eine einzige Antwort möglich: Ein bestimmter Raum schwingt in einem Lied mit, weil dieser Raum auch irgendwo existiert und, in welcher Form auch immer, gerade in den seelischen Grundlagen des Liedes. Es ist jetzt nur zu klären, wie wir uns diesen „Raum“ als schöpferischen seelischen Faktor vorzustellen haben, welche Art und Weise des Seins wir ihm zuerkennen müssen.

Die Kulturmorphologie (Frobenius, Spengler u. a.) so wie die Kunstgeschichte (Alois Riegl, Worringer) hat sich in ihren Werken, die unterschiedslos Meilensteine an Tiefsinn und Intuition sind, zu klären bemüht, welche Rolle das „Raumgefühl“, das Menschen in einer bestimmten Gegend haben, bei der Errichtung einer Kultur oder bei der Kreation eines Kunststils mutmaßlich spielt. Frobenius, der um gut zwanzig Jahre vor Spengler einige seiner Ideen vorwegnahm, manchmal mit mehr Inspiration, aber auch unkontrollierbarer, zeigte auf ethnologischem Gebiet unter Heranziehung neu entdeckten Materials die Verbindung auf, die zwischen einer bestimmten Kultur und einem bestimmten Raumgefühl herrscht. Indem er die afrikanischen Kulturen in zwei große Bereiche aufteilte, in den hamitischen und den äthiopischen, sprach er jedem von beiden ein bestimmtes Raumgefühl zu, dem hamitischen ein durch das Bild einer gewölbten Höhle empfundenes, dem äthiopischen hingegen dasjenige des Unbegrenzten. Frobenius betrachtet die Kulturen als Pflanzen, die wie in der Treibhausatmosphäre eines bestimmten Raumgefühls wachsen. In seinem monumentalen und viel diskutierten Werk[3] bedient sich Spengler derselben Sichtweise gegenüber den großen historischen Kulturen und unterscheidet sie auch nach demselben räumlichen Kriterium, legt aber zwischen sie eine undurchlässige und vereinzelnde Trennwand. Nach Spengler zeigt sich die charakteristischste Seite jeder Kultur gerade an ihrem Spezifikum des Raumgefühls. Wir werden die Theorie Spenglers jetzt aber nicht einmal im Überblick darstellen, weil wir annehmen dürfen, dass jeder Leser eine vage Vorstellung von ihr hat, wenn auch nicht vom Originaltext, so zumindest aus Zusammenfassungen und Rezensionen. Dennoch sei zur Auffrischung des Gedächtnisses des Lesers wie an Stützpunkte an die Arten des Raumgefühls einiger Großkulturen, wie sie Spengler sieht, erinnert. Die faustische Kultur des Abendlandes, eine Kultur seelischer Unruhe, des Verlangens nach Ausdehnung, nach Perspektiven, enthält implizit das durch den unbegrenzten dreidimensionalen Raum symbolisierte Gefühl (wie das äthiopische bei Frobenius). Die antike griechische Kultur, apollinisch, streng bemessen, lichtvoll, impliziert den begrenzten Raum, abgerundet und durch das Bild des einzelnen Körpers symbolisiert. Die arabische Kultur, magisch, von bedrückendem Fatalismus, auf deren Entdeckung in ihrer ganzen Ausdehnung Spengler besonders stolz war, hätte als Grundgefühl den gewölbten Raum (vgl. das hamitische Grundgefühl

[3] Oswald Spengler, *Der Untergang des Abendlandes. Umrisse einer Morphologie der Weltgeschichte,* München 1923

bei Frobenius). Die alte ägyptische Kultur wird vom Raumgefühl des Labyrinths beherrscht, das auf den Tod gerichtet ist (vgl. die „Raumscheu" bei Alois Riegl). Diese Theorie des „Raumgefühls", wie sie von den erwähnten Morphologen in Abhängigkeit von der Landschaft einer Kultur aufgestellt wird, ist aber in mehreren Hinsichten unbefriedigend. So wie die Theorie vorgeht, stößt sie auf ernsthafte Schwierigkeiten, die nicht übergangen werden können. In einer früheren Arbeit mit dem Titel *Horizont und Stil* (Wien 2021) haben wir uns ausführlicher mit diesen Schwierigkeiten beschäftigt und zwecks deren Überwindung eine neue Theorie aufgestellt. Wir sprechen in dieser Arbeit von den „Horizonten des Unbewussten". Mit den nötigen Argumenten zeigen wir dort, dass der Faktor, den die Kulturmorphologie und die Kunstgeschichte als Raumgefühl verstehen, kein Gefühl im eigentlichen Sinn ist, geschweige denn ein bewusstes Gefühl, und dass es nicht unserer Sensibilität angehört, die sich in einer bestimmten Landschaft herausgebildet hat, sondern dass es sich um einen viel tiefliegenderen Faktor handelt. Wir verlagern in unserer Arbeit die gesamte Raumproblematik der Kulturmorphologie auf die Ebene einer abyssalen Noologie, also dorthin, wo das Unbewusste nicht in einer simplen Differenz zum Bewussten steht, sondern als eine sehr komplexe Realität anzusehen ist, als eine Realität, die gleichsam ein unterirdisches Magma darstellt. Durch diese Verlagerung lassen sich leicht eine Menge von Schwierigkeiten beseitigen. Es ist aber jetzt nicht nötig, auf Einzelheiten einzugehen. Wir merken nur an: Was die Morphologie als ein von einer bestimmten Landschaft abhängiges Raumgefühl versteht, wird in unserer Theorie zu einem ursprünglichen und klar konturierten „Raumhorizont des Unbewussten". Das Unbewusste ist nicht nur als ein grenzenlos heruntergestuftes Bewusstsein zu verstehen, sondern im Sinne einer seelisch-geistigen Wirklichkeit breit angelegt und relativ selbstständig. Der „Raumhorizont" des Unbewussten, welcher der Verkettung äußerer Bedingungen, fest wie ein Kristall, entnommen und aus ihr herausgebrochen ist, besteht in seiner Identität unabhängig von der äußerlichen Veränderlichkeit der Landschaften. Der Raumhorizont des Unbewussten, versehen mit einem fundamentalen Aufbau und orchestriert nach seelischen Akzenten, muss als eine Art notwendiger und unveränderlicher Rahmen unseres unbewussten Geistes angesehen werden. Das Unbewusste spürt seine organische und untrennbare Vereinigung mit dem Raumhorizont, in welchem es wie in einer Muschel eingeschlossen ist: Es befindet sich nicht nur in einer lockeren und labilen Verbindung mit diesem Raum in der Art eines Subjekts gegenüber einem Objekt, wie es beim Bewusstsein gegenüber der Landschaft der Fall ist. Indem das Bewusstsein den eigenartigsten Erscheinungen der Landschaft ausgesetzt ist, zeigt es jeden Moment seine Bereitschaft, an jener Verrat zu üben. Das Unbewusste bleibt sich jedoch treu. Der Raumhorizont des Unbewussten ist also eine tiefere und wirksamere seelisch-geistige Realität, als es je ein einfaches Gefühl sein könnte. Um die stilistische Einheit einer Kultur, dieses so eindrucksvolle Phänomen, erklären zu können, glauben wir, dass nicht nur die Landschaft von Relevanz ist, und dass es auch nicht Gefühle sind, die in offenkundiger Verbindung mit der Landschaft stehen. Die Tiefe des Phänomens erfordert eine Erklärung durch eine verborgene Wirklichkeit von größerem Gewicht. Anders gesagt, ein räumlicher Horizont des Unbewussten spielt ebenfalls eine bedeutsame unterschwellige Rolle. Der unbewusste räumliche Horizont kann in der Tat zum bestimmenden Faktor für die stilistische Struktur einer Kultur oder einer Mentalität, ob individuell oder kollektiv, werden. Indem wir dem räumlichen Horizont des Unbewussten eine gestaltende und bestimmende Funktion zusprechen, können wir ihn auch eine „Raum-Matrix“ nennen. Aus unserer Theorie ergibt sich auf natürliche Weise ein Faktum, das die Morphologie nicht fassen kann. Das Faktum besteht darin: Es kann gelegentlich zwischen dem unbewussten räumlichen Horizont und der konfigurierten Struktur der Landschaft, in der man lebt und in der sich die bewusste Sensibilität entfaltet, ein Widerspruch existieren. Diese Inkongruenz der Horizonte, für deren Aufweis es genügend historische Beispiele gibt, ist im Rahmen der Kulturmorphologie nicht erklärbar, die, soweit wir wissen, das Raumgefühl auf die Struktur der Landschaft bezieht. Desgleichen wird auch nur mittels unserer Theorie von der unbewussten Raum-Matrix erklärlich, warum manchmal, oder sogar sehr häufig, in ein und derselben Landschaft Kulturen und Gesinnungen mit fundamental verschiedenen räumlichen Horizonten koexistieren können.

Im Rahmen der von uns aufgeworfenen Problematik wurde nicht nur einmal die Frage gestellt, ob sich nicht auch, sei es eine hypothetisch konstruierte Raum-Matrix oder ein unbewusster Raum-Horizont als geistiges Substrat der anonymen Werke der rumänischen Populärkultur auffinden ließen. Der Gegenstand verdient das Risiko jedweder Anstrengung. Die Möglichkeit einen goldenen Schlüssel zu entdecken, mit dem sich viele Türen zu den rumänischen Seinsweisen öffnen lassen, lächelt uns verheißungsvoll entgegen. Doch vielleicht ist es gar nicht notwendig, sich ausschließlich auf die Erforschung der rumänischen Volkskultur zu beschränken. Die Raum-Matrix, die man sich hier hypothetisch vorstellen muss, könnte auch bis zum gemeinschaftlichen Punkt einer ganzen Gruppe von Völkern reichen, beispielsweise der balkanischen Völker. Natürlich interessiert uns die rumänische Eigenart. Vorläufig nämlich müssen wir von allen benachbarten Völkern absehen, besonders von der Frage, in welchem Maße diese Nachbarn vom Geist unseres Kulturraumes beeinflusst sind.

Der Gesang als jene Kunst, die am besten die Tiefen des Unbewussten ausdrückt, offenbart auch, was wir vorhin als den „räumlichen Horizont des Unbewussten" bezeichnen wollten. Im gedanklichen Umfeld, das sich uns jetzt aufdrängt, kommt der „Doina" mit Sicherheit eine Bedeutung zu, deren Gewichtigkeit noch nie richtig gewürdigt wurde. In der Tat präsentiert sich die Doina in ihren Schwingungen als ein Gebilde von vollkommener Transparenz: In dessen Hintergrund erspüren wir etwas von einer Raum-Matrix bzw. von einem ganz eigenen räumlichen Horizont. In erster Annäherung hatten wir die Doina mit der „Hochgebirgsweide" wie das russische Lied mit der „Steppe" in Verbindung gebracht. Aber gehen wir einen Schritt weiter. Wir vertiefen das Problem samt seiner Perspektiven im Sinne unserer Theorie von den Horizonten des Unbewussten. Der räumliche Horizont des Unbewussten verfügt über seelische Akzente, die der Landschaft als solcher abgehen. Ohne Zweifel finden wir auch in der Doina einen solchen Horizont vor, der Anteil an diesen seelischen Akzenten hat: in ihr liegt eine Melancholie, weder zu schwer noch zu leicht, die Melancholie einer Seele, die auf- und absteigt, auf einer unbegrenzt wellenförmigen Ebene, immer weiter, wiederum und wiederum, oder wie die Sehnsucht einer Seele, die den Hügel wie ein Hindernis des Schicksals überwinden will und die noch Hügel um Hügel vor sich hat, oder die Wehmut einer Seele, die unter Sternbildern eines Geschicks umherwandert, einmal aufwärts, dann wieder abwärts, mit Höhen und Tiefen, die sich rhythmisch wiederholen, eintönig und ohne Ende. Mit diesem räumlichen Horizont fühlt sich unsere unbewusste Seele organisch und untrennbar verbunden. Sie ist mit dieser unbegrenzten, wellenförmigen Raum-Matrix mit bestimmten Schwerpunkten versehen, die ihr den Rahmen eines bestimmten Schicksals vorzeichnen. An diesen räumlichen Horizont ist auch die rumänische Seele der Ahnen in ihren letzten Tiefen gebunden, und von diesem Horizont bewahren wir uns irgendwo, in einer tränenreichen Ecke des Herzens, eine vage Erinnerung an das Paradies, selbst dann, wenn wir schon lange nicht mehr auf der Hochgebirgsweide leben:

> Aus einem Paradiesestor
> Dort wo der Berg steigt empor.
> (Zit. n. *Die rumänische Volksseele*, übers. v. Julius Draser,
> Minerva-Verlag, Bukarest 1982, S. 53)

Wir sollten also diesen Raum, hoch liegend und unbegrenzt gewellt, sowie auch mit spezifischen Akzenten eines bestimmten Schicksalsgefühls versehen, als mioritischen[4] Raum bezeichnen. Dieser nicht mit Worten zu fassende Horizont ergibt sich aus dem inneren Aufbau der Doina, aus ihren Schwingungen und Klängen, die nach außen dringen, genauso aber auch aus der Atmosphäre und der Stimmung unserer Balladen. Dieser unbegrenzte wellenförmige Horizont entspringt jedoch, was noch viel wichtiger ist, eben auch dem Schicksalsgefühl, jenem Gefühl, das die individuelle, ethnische und multiethnische Seele beherrscht. Das Schicksal wird hier weder als ein bis zur Verzweiflung beengendes Gewölbe noch auch als ein Kreislauf empfunden, aus dem es kein Entrinnen gibt, aber es wird auch nicht von jenem unbegrenzten Selbstvertrauen in die eigenen Kräfte und Entwick-

---

[4] Das Wort „mioritisch“ kommt vom Substantiv *Miorița* (auszusprechen *Mioriza*), das „Lämmlein“ bedeutet. Als „mioritisch“ wird ein Schäferlied bezeichnet.

lungsmöglichkeiten begleitet, das so leicht zur tragischen Hybris führt. Diese Seele überlässt sich dem Schutz eines Geschicks mit unbestimmten Höhen und Tiefen, einem Geschick, welches, symbolisch gesprochen, von der Hochgebirgsweide her stammt, auf ihr seinen Gipfel erreicht und dort auch seine Erfüllung findet. Das in der rumänischen Seele unterirdisch beheimatete Schicksalsgefühl wird scheinbar von einem hohen und ins Unendliche reichenden wellenförmigen Raumhorizont strukturiert. So gesehen betrachten wir den räumlichen Horizont des Unbewussten und das Schicksalsgefühl als Aspekte eines organischen Komplexes, bzw. als Elemente, die im Augenblick ihrer Verbindung wie zu einem elastischen, aber im Grunde unzerstörbaren Gebilde verschmelzen.

Unter Anerkennung, dass die rumänische Volksseele eine vollkommen gefestigte Raum-Matrix besitzt, müssen wir annehmen, dass der Rumäne unbewusst auf einer „Hochgebirgsweide“ lebt, oder, genauer gesagt, im mioritischen Raum, selbst dann, wenn er in Wirklichkeit, was seine bewusste Sensibilität betrifft, schon seit hunderten von Jahren sein Leben auf der Baragansteppe[5] verbringt. Das rumänische Flachland ist von der Nostalgie nach der Hochgebirgsweide erfüllt. Und weil der Bewohner des Flachlandes nicht mehr diese Hochgebirgsweide um sich haben kann, schafft sich die Seele einen atmosphärischen Ersatz für sie: der Gesang tritt an ihre Stelle.

In der rumänischen Seele glimmt durch ihre Verbundenheit mit dem mioritischen Raum in der Tiefe ein stilles, unbewusstes Feuer, das nicht sentimental auflodert oder von einer bewussten Faszination angefacht wird. Es zeigt sich abermals, dass wir uns hier durch die Zonen des „anderen Gebiets“ der Seele bzw. in einem Bereich der Tiefenpsychologie bewegen. Diese räumlichen Eigenschaften gehören den unterirdischen Stockwerken unserer seelisch-geistigen Existenz an, doch kommen sie im Gesang und im Traum zum Vorschein. Der andauernde Regen und die Einsamkeit unter den Sternen veranlassen unseren Hirten nicht nur einmal, die in der Höhe erlebten Tage zu verfluchen. Die Gefühle des Hirten, die sich in einer Schimpftirade äußern, zeigen auch oft

[5] Tiefebene im Südosten Rumäniens

eine Aversion gegenüber der Hochgebirgsweide, dennoch bleibt ihr der Hirte unbewusst treu und zur Gänze anhänglich. Er würde nie einen Ausbruch aus ihr andeuten. Der „mioritische Raum" macht einen entscheidenden Teil seines Wesens aus. Er ist mit diesem Raum verwachsen, wie mit sich selbst, seinem Leben und Sterben. Wenn er singt, kommt diese Verschmolzenheit ans Tageslicht, wie in jenem Lobgesang, der sich seit Jahrhunderten weitervererbt, und in welchem das Hinscheiden auf der Hochgebirgsweide in tragischer Schönheit mit dem Höhepunkt einer Hochzeit verglichen wird:

> Dies allein sag an:
> Dass ich glücklich gewann
> Eine stolze Königin traut,
> Aller Welten Braut …
> Bei meinem Hochzeitstanz
> Fiel ein Stern in Glanz
> Und der Mond und die Sonne
> Hielten den Kranz mir in Wonne,
> Tannen und Platanen waren Gäste,
> Bei meinem Hochzeitsfeste,
> Meine Priester waren Gipfel,
> Meine Sänger die Vögel im Wipfel,
> Tausend Vögelein ferne,
> Und meine Fackeln die Sterne.
> (a.a.O. S. 56)

Das Schicksalsgefühl der rumänischen Volksseele und der mioritische Raum durchdringen einander plastisch und tief. Der mioritische Raum durchzieht in dieser Allianz mit dem Schicksalsgefühl wie ein Aroma die gesamte Lebensweisheit des Volkes. Wenn wir in dieser Richtung weiterforschen, so werden wir auf viele entscheidende Charakteristika der Volksseele stoßen. Wir sollten aber keinen Augenblick außer Acht lassen, dass wir uns auf einem Terrain der Nuancen, der Atmosphäre, des Unaussprechlichen und des Unwägbaren befinden. Gewiss lässt sich die rumänische Seele auf ihrer Wanderung unter anheimelnden oder auch feindseligen Gestirnen weder von einem ungestümen Fatalismus überwältigen, noch lebt sie in wilder Entschlossenheit, den Mächten der Natur oder des Schicksals zu trotzen, indem sie mit diesen auf ewigem Kriegsfuß steht. Einerseits schicksalsergeben, andererseits aber auch nicht in blindem Vertrauen, muss diese Seele Aufstieg und Abstieg durchmachen, ein immer wiederkehrendes Auf und Ab, unter dem Antrieb und im Rhythmus einer ewigen und kosmischen Doina, die sie auf jeder Wanderung zu hören scheint.

Die von uns bis jetzt formulierte Idee versteht sich nur als Skizze von Vorschlägen. Man muss jetzt einmal zusehen, in welchem Maße die konkrete Wirklichkeit der rumänischen Seele, ihre Schöpfungen und Formungen sowie die unbegrenzt gewellte Struktur ihres Raumes zum Ausdruck kommen. Dies muss sich in verschiedenen Hinsichten zeigen. Man werfe etwa einen Blick auf die Anordnung der Häuser. Wer einmal auf Hochgebirgsweiden gewandert ist, hat sicher festgestellt, wie auf diesem oder jenem Gipfel sich eine fast verschwindend kleine Hirtenhütte befindet, die aber von ihrem Standort aus bis ins Tal hinunter eine dominierende Stellung einnimmt, und er hat auch bemerkt, wie weit man umherblicken muss, um auf der Vis-à-vis-Seite der Weide eine andere Niederlassung solcher Art zu entdecken; diese Anordnung der Siedlungen verläuft im Rhythmus von Berg und Tal. Beim Abstieg von der Hochebene springt ins Auge, dass derlei Anordnung und ein solcher Rhythmus von Berg und Tal sich in bestimmtem Ausmaß auch bei weiter unten liegenden Dörfern durchhält, obwohl hier eine Gliederung dieser Art deplatziert und sinnlos erscheint. Die auf einer Ebene befindlichen Häuser der rumänischen Dörfer stehen nicht nebeneinander wie aufgereihte Kettenglieder in einer Linie, undurchdringlich und kompakt, als eine gebündelte kollektive Einheit wie bei den sächsischen Dörfern, sondern in Abständen voneinander, sei es getrennt durch leere Zwischenräume, sei es durch Grünland und Gärten, die sich wie beiläufig zwischen die Häuser schieben. Dieser noch erhaltene Abstand ist anscheinend ein letzter Rest und ein Andenken an das Tal, welches die Hügel mit ihren Hirtenhütten voneinander trennen. So ist auch das Flachland von Tälern als wesentlicher Bestandteil des unendlich gewellten Raums durchzogen. Es handelt sich hier um ein bemerkenswertes und einer bestimmten seelischen Verfassung entspringendes Phänomen der Übertragung.

Bis heute hat sich kein monumentaler rumänischer Architekturstil herausgebildet, doch ist dies nicht unbedingt nötig, um von einem Geist der Architektur zu sprechen, der sich auch an einem einfachen Bauernhaus oder an einer kleinen Kirche zeigt, die sich hinter Gräsern und Nesseln verbirgt. Was die Formen und die architektonische Konstruktion der Bauernhäuser betrifft, so scheinen sie zumindest eine negative, aber deutliche Auswirkung auf unseren spezifischen Raumhorizont zu haben. Diese zeigt sich besonders im Vergleich mit Architekturen, die einen anderen Horizont besitzen. Man weiß beispielsweise, wie das russische Haus in seiner architektonischen Gestaltung zur Ausdehnung in die Ebene tendiert. Im Verhältnis zum rumänischen Haus stellt das russische eine Raumverschwendung dar. Der Horizont der Ebene lädt die Architektur des russischen Hauses dazu ein, sich in die Länge zu erstrecken. Die verschiedenen Arten der russischen Kirchen haben eine einzige sichere Dimension: die Horizontale; die Vertikale ist von der Unsicherheit einer abgeleiteten Form gekennzeichnet: sie ist stufenweise errichtet, über die Apsis, die Abschlusssteine der Kreuzbögen und Kuppeln, schrittweise immer höher steigend. Genauso bekannt ist, wie die westliche Architektur, und zwar besonders die nordische, zur Höhe tendiert, wobei unklar bleibt, auf welchen himmlischen Ruf hin sie sich so gestaltet. In beiden Fällen handelt es sich um spezifische räumliche Horizonte der Menschen und Orte. Da unser unbegrenzt wellenförmiger Raumhorizont von vornherein keine Ebene oder hohe Ausdehnung zulässt, treffen wir unseren architektonischen Geist auf einer mittleren Position an, die in abgeschwächter Form diese beiden gegensätzlichen Tendenzen im richtigen Gleichgewicht hält. Der spezifische Horizont verhindert eine einseitige räumliche Übersteigerung und wirkt zumindest einschränkend, wenn es um die Dimensionierung architektonischer Formen geht.

Auch die Metrik unserer Volksdichtung könnte, zwar nicht als einziges, aber neben anderen, als Argument zugunsten eines spezifischen Horizonts ins Treffen geführt werden. Unsere Volksdichtung hat auf jeden Fall eine ausgeprägte Vorliebe für den abwechselnd aus betonten und nicht betonten Silben bestehenden Vers, also für den Rhythmus von Berg und Tal und Tal und Berg. Diese Metrik zeigt zugleich eine ausgesprochene Abneigung gegen die Sprünge des Daktylus. Freilich stoßen wir auch auf Einschübe des Daktylus und Anapäst, aber sie werden nicht weiterentwickelt, sondern werden vom wellenförmigen Rhythmus Berg-Tal verschluckt, der wie eine innere Wiege die gesamte Dichtung machtvoll durchzieht. Man wird entgegnen, dass die von Daktylus und Anapäst erzeugte Metrik nicht zum Wesen unserer Sprache gehört, oder dass derlei Metrik für die Volkspoesie zu gelehrt wäre. Letzteres Argument ist nicht überzeugend, weil die altgriechische Volksdichtung sehr wohl eine solche Metrik kennt. Aus dem ersten Argument, das sich auf das Wesen unserer Sprache bezieht, lässt sich keine Erklärung gewinnen. Das Problem stellt sich gerade hier. Die rumänische Sprache hat sich, möglicherweise zugleich mit dem rhythmischen Aufbau unseres Raumes, einen inneren Rhythmus geschaffen, der sie für eine auf Trochäus und Jambus beruhenden Metrik geeigneter macht als für eine aus anderen rhythmischen Einheiten bestehende Metrik. Dieser innere Rhythmus drückt unserer Sprache den Stempel auf, den sie für immer haben wird und unter dessen Prägung die Bildung von Versen unausweichlich bestimmte Formen annehmen und andere meiden musste. Man könnte uns auch entgegenhalten, dass die Berg-Tal-Metrik sich nicht aus einem spezifischen Horizont erklären lässt, weil sie in ganz Europa anzutreffen ist. Das ist sicher wahr. Aber die entschiedene Wahl für diese Metrik bleibt trotzdem ein Phänomen, das durch einen spezifischen Horizont erklärlich wird. Dank des wiegenden Rhythmus, der wie ein Wind über ein Ährenfeld durch unsere Poesie weht, kommen in unseren Liedern relativ kurze Verse zum Einsatz. Dieser Umstand lässt sich überhaupt nicht als eine Art Urtümlichkeit der Volksdichtung verallgemeinern. Wir verweisen in diesem Zusammenhang auf die neugriechische Volkspoesie, deren Verse vom Atem der Weite des Meeres künden, bis zu 15 oder 16 Silben. Wir beziehen uns hier auf einen Band mit Originaltexten, die ins Deutsche in fast ausschließlich solchen Versen übersetzt wurde.[6] Wir sagten, dass der räumliche Horizont sich aus wesentlichen Strukturen zusammensetzt, aus Spannungen, Rhythmen und

[6] Vgl. *Neugriechische Volkslieder*, gesammelt von Werner von Haxthausen, Münster 1935

Betonungen. Eine bestimmte Raum-Matrix kann beinahe in jeder Art Landschaft entstehen und sich herausbilden. Die Landschaft aber würde nur eine Nebenrolle im Aufbau einer Raum-Matrix spielen. Wir haben es hier mit einem theoretischen Aspekt zu tun, über den wir schon anderswo gesprochen haben. Jetzt aber kommen wir zu etwas anderem, das sehr gut zu beobachten ist: In ein und derselben Landschaft können Seelen, die unbewusst an ganz verschiedene räumliche Matrizen gebunden sind, gemeinsam existieren. Ein Beispiel: Seit ungefähr achthundert Jahren errichtet der von irgendwelchen Ufern des Rheins verpflanzte Siebenbürger Sachse in Transsilvanien kulturelle und bürgerliche Einrichtungen, nüchtern und steinern, in unveränderlichem Stil seines gotischen Raumverständnisses, wie aus gestrigen Tagen und seit jeher. Das unausschöpfliche Saatgut dieses Geistes bringt der Sachse von anderswo her und verwahrt es tief in seinem Blutkreislauf, wie wunderbares Gold im sagenumwobenen Flussbett. Zugleich aber zieht der walachische Schafhirt mit seiner Herde wiegenden Schritts an hohen sowie düsteren Türmen und Burgen, die ein anderes Geschick verheißen, vorbei und preist mit der Flöte, auf- und absteigend, seinen Raum, der nur ihm gehört. Es sind also zwei Arten von Menschen, die in derselben Landschaft, aber in verschiedenen Räumen leben. Obwohl unglaublich nahe beisammen, sind sie durch ihre Raum-Matrizen wieder so weit voneinander entfernt, dass achthundert Jahre nachbarliches Leben nicht ausreichten, die wechselseitige Ferne ihres Unbewussten zu beseitigen und zu überwinden. Dieser Umstand wird von denen nicht beachtet, die einer unbrauchbaren und unnatürlichen Utopie eines sogenannten „Transsilvanismus" nachjagen, der den ethnischen Populationen, die in dieser Landschaft zusammenleben, gemeinsam wäre.

Weder die fleißigen Philologen noch die engagierten Historiker sind in der Lage, präzis anzugeben, wann sich das rumänische Volk gebildet hat. Wir sind gewiss nicht so naiv, nach einem genauen kalendarischen Datum zu suchen, aber eine theoretisch mögliche und in gewissem Sinn definitorische Eingrenzung dürfen wir schon verlangen. Die Sprache hat sich in unscheinbaren Etappen entwickelt, unablässig, aber ohne Einschnitt, der ihre Entstehung datieren würde. Was die Geschichte betrifft, so ist diese jüngeren Datums und im Verhältnis zur vorhergehenden Prähistorie relativ spät aufgetaucht. Nur stilistische Betrachtungen und die Tiefenforschung könnten die gestellten Fragen beantworten. Das rumänische Volk ist in dem Moment entstanden, als die Raum-Matrix in seiner Seele Formen angenommen hatte, jene Raum-Matrix bzw. der unbewusst spezifische Horizont, der neben anderen Faktoren über die Gabe verfügte, den inneren Stil seines Seelenlebens zu bestimmen. Der rumänische Dialekt konnte sich entwickeln und Mutationen durchmachen, sogar die Geographie der Landschaft konnte sich verändern; was sich aber mit der Festigkeit eines Kristalls durchhielt, das war die Raum-Matrix jenseits von Sprache und Landschaft. Wie im Kreis kommen wir wieder auf die „Hochgebirgsweide" zurück. Denn der unbewusste Raumhorizont pflanzte dem Rumänen, wo immer er sich befand, die Sehnsucht nach der Hochgebirgsweide ein. Diese verfestigte Nostalgie trug im Mittelalter den walachischen Hirten über alle Gebirgskämme der Karpaten hinweg, von der Donau bis in die Maramuresch, von hier weiter nach Mähren, oder umgekehrt; und genauso auch über alle Hochgebirgsweiden Jugoslawiens bis in die pannonische Tiefebene, also überallhin, bis an die Grenzen eines riesigen Territoriums, an denen die Landschaft das Verlangen nach einem unbewussten Horizont stillte. In grauen Vorzeiten, gerade im langen Vorspiel der jetzigen ethnischen Formationen, als der Rumäne keinerlei Heimat hatte, bot ihm die Hochgebirgsweide, diese heilige Hochlandschaft, die einem bestimmten Schicksalsgefühl seine höhere Weihe verlieh, eine Art Heimat an.

Zu oft haben sich die Forscher gefragt, von den Umwelttheoretikern bis zu den Kulturmorphologen, worin sich die Landschaft auf die menschliche Seele auswirkt. Und zu wenig wurde danach gefragt: Was gewinnt die Landschaft vonseiten der Seele des Menschen? Der Unterschied dieser Fragen drängt sich aber auf. Denn eines ist die Landschaft – der Ausgangspunkt einer Reihe seelischer Effekte; ein anderes ist die Raum-Matrix als Horizont des Unbewussten; und ein drittes wiederum ist dieselbe anfängliche Landschaft, in die sich, wie ein Inhalt in eine Form, ein bestimmtes menschliches Schicksalsgefühl ergießt. In dieser letzten Hinsicht ist die Landschaft in das Seelenleben eingebunden. Die

Landschaft wird zum Gefäß der gesamten Seele, in welches das Gefühl des Schicksals hineinfährt wie der Wind in die Segel eines Schiffes. In diesem Sinn ist die Landschaft das zweite Gesicht des Menschen.

Bipolare Geistigkeit

Die christliche Geistigkeit zeigt sich in ihrer kontinentalen und transkontinentalen Gesamtheit auf vielfache Weise verzweigt. Vielleicht wäre es treffender, nicht von einer „christlichen Geistigkeit", sondern eher von einer katholischen, einer evangelischen oder einer orthodoxen Geistigkeit zu sprechen. In der Tat entsprechen diese Unterscheidungen den bodenständigen und profilierten Verhältnissen, während die „Einheit" entweder einem weit entfernten, undatierbaren Anfang oder einem schönen und unwirklichen, von utopischen Spekulationen genährten Traum entstammt. Im vorliegenden Kapitel wollen wir ohne irgendwelche Vorurteile und womöglich wertfrei über die Gräben sprechen, welche im Laufe der Zeit in der Lehre des Christentums aufgerissen wurden. Das Thema wurde oft behandelt, zumeist aber fast nur im Rahmen der Dogmatik. Es wurde dabei vereinfacht vorgegangen, indem man eine vergleichende Literatur der „Glaubensbekenntnisse" auf Punkt und Beistrich verfasste. Diejenigen Unterscheidungen, die für den Aufbau der dogmatischen Systeme bedeutungslos waren, wurden nur als Aspekte angesehen, die auch übergangen werden können oder sich aus jenen dogmatischen Lehren ohnehin ergeben. Es handelt sich dabei um eine Vorgangsweise, die sicher Theologen mit brennendem Interesse an letzten Subtilitäten eine heimliche Befriedigung verschafft, wir aber werden diesen Weg nicht weiterverfolgen. Wir verfahren nicht so, weil wir – bei allem guten Willen – dieses Prozedere für ausgeschöpft halten. Es ist merkwürdig, dass die dogmatischen Formeln, deren Anweisungen letztlich nicht überprüfbar sind, bei den Liebhabern vergleichender Studien unverhältnismäßig mehr Beachtung fanden als die gewichtigen Inhalte für sich genommen. Auch jetzt versprechen wir den Lesern, sie nicht mit Literatur zu ermüden, die sie anderswo nachlesen können, und stehen dazu, dass wir bestrebt sind, die im Laufe der Jahrhunderte in der Lehre des Christentums aufgebrochenen Differenzen lediglich festzustellen, ohne auch nur ein einziges Mal auf „filioque" oder „Fegefeuer" zurückzugreifen. Mit diesem Versprechen drücken wir unsere Überzeugung aus, dass die tiefsten Unterschiede zwischen der katholischen, evangelischen und orthodoxen Spiritualität mehr den Stil als den Inhalt betreffen. Die dogmatischen, auf der Hand liegenden und allzu bekannten Differenzen sind nur dem Zufall entsprungene Spitzfindigkeiten oder manchmal Symptome, die diese Differenzen stilistisch verstärken und ihnen ihren Stempel aufprägen.

Die christliche Geistigkeit ist ohne jeden Zweifel in erster Linie und gemäß ihrer tiefsten Absichten auf „Transzendenz" ausgerichtet. Wir heben aber hervor, dass der Mensch ein Geschöpf ist, das gemäß seinem Wesen und seiner Struktur in anschaulichen Sinnzusammenhängen und einer sinnlich erfahrbaren Ordnung leben muss. Die Totalität dieser Ordnungen und Zusammenhänge ist die „Welt". Für das menschliche Bewusstsein setzt sich die Welt aus sichtbaren und unsichtbaren Elementen zusammen, aus Materie und deren Gesetzen, aus dem, was die Materie im Inneren beseelt, aus Landschaften und lebendigen Organismen, aus den spezifischen Erlebnissen des Menschen, dem Leiden und der Freude, den sozialen Umständen, aus geschichtlichen Fakten, kulturellen Schöpfungen und dem ständigen Gefühl, lauter Problemberge vor sich zu haben. Es ist die menschliche Welt eine sehr komplexe Welt. Anders gesagt, scheint die im Zeichen der Ewigkeit, des Absoluten und Unbedingten stehende christliche Lehre durch ihre transzendente Ausrichtung die Welt des Menschen nicht zur Kenntnis nehmen zu wollen. Alle Bestimmungen der menschlichen Wirklichkeit und des innerweltlichen Umfeldes werden im Verhältnis zur Transzendenz des Himmels heillos als „zeitlich" gebrandmarkt. Diese Verfinsterung und Geringschätzung der Welt dienen gewiss nicht der Befriedigung seelischer Interessen der Menschheit. Das absolut Transzendente, das mit dem Menschen in Berührung kommt und für ihn trotzdem unverständlich bleibt, ist zweifellos das Zentrum des kosmischen Weltbildes der christlichen Metaphysik. Selbstverständlich aber wäre es der christlichen Metaphysik niemals gelungen, sich in den Volksmassen über zweitausend Jahre hinweg zu einer religiösen Lehre mit einem so breiten und nachhaltigen Echo zu verfestigen, wenn sie sich ausschließlich auf Spekulationen rundum das Transzendente beschränkt hätte. In einer so einseitigen Ausrichtung wäre sie unwiderruflich eine aristokratische Lehre für einige stolze Eingeweihte geblieben. Zum Glück aber bietet die christliche Doktrin gleich am Anfang, nämlich ab dem Zeitpunkt, als der Apostel Paulus mit großer Leidenschaft die ersten entscheidenden Formulierungen für die gesamte weitere Entwicklung darlegte, in ihrer Mitteilung eine Reihe sehr fasslicher Elemente an, die aber um nichts weniger von der Aureole einer unbedingten Würde gekrönt sind. Die Leser werden rasch erraten, auf welche Elemente hier angespielt wird. Ein solcher wesentlicher Bestandteil, der zum Kern der christlichen Botschaft gehört, war etwa die Vorstellung, dass Gott mit Fleisch und Blut unter Menschen umherwandelt, in der Person von Jesus, d. h. die Vorstellung, dass die Ewigkeit die Zeitlichkeit wie einen Teil von sich abspaltet, um sichtbar zu werden. Die christliche Lehre hat immer so gedacht. Sie nährte nie die Überheblichkeit, sich ausschließlich auf etwas zu stützen, was den Sinnen und dem Geist des Menschen unzugänglich ist. Die christliche Metaphysik erweist sich als eine sehr komplexe Erscheinung. Auf jeden Fall sei daran erinnert, dass sie einer Offenbarung mit verschiedenen Aspekten gleichkommt, unter denen einige sich direkt an den Sehsinn und die Einbildungskraft wenden. Die christliche Lehre bietet dem menschlichen Denken etwas Absolutes von gemischter Natur dar, die teils aus unzugänglichen Momenten, teils aus sinnlich Erfahrbarem besteht. Deswegen konnte sie sich an die Massen mit besseren Chancen auf Resonanz wenden. Die Religionsstifter oder ihre unmittelbaren Nachfolger haben als große Kenner des Massenmenschen stets die Bedeutung des sinnlichen Elements bzw. die Bildhaftigkeit einer Lehre erfasst und entsprechend darauf Wert gelegt. So artete beispielsweise die ziemlich abstrakte Lehre des Buddhismus, einer Religion „ohne Gott", eher in eine Lehre von tropischer Üppigkeit aus, in welcher die Person Buddhas ohne die geringste Scheu sogar in seinen Statuen in volkstümlichen Formen vergöttlicht wurde. Das religiöse Leben ist nicht nur immun gegenüber solchen Ungereimtheiten – ganz im Gegenteil hat es eine Vorliebe für sie.

Was die christliche Lehre anbelangt, so hat sie gleich von Anfang an, in ihrer embryonalen Phase gleichsam, das Attribut des Absoluten nicht nur einer unerreichbaren Transzendenz zugestanden, sondern gleichermaßen auch einer sinnlich erfahrbaren und konkreten Offenbarung dieser Transzendenz als „historisches" Faktum, als ein vergängliches Ereignis in der Zeit. Diese „historische" Tatsache als zeitlicher Abschnitt wurde zum Fundament, auf welcher das Christentum als Religion, die sich unterschiedslos an alle Menschen richtet, aufbauen musste. Anfänglich gab es noch wenig Äquivalenzen mit dem Transzendenten: das geoffenbarte Wort, niedergeschrieben oder gehört, und die Fleischwerdung des Logos selbst. Später kam dann hinzu: die sichtbare Kirche als Leib Christi, desgleichen die „ökumenischen Synoden" als direkte Organe der Offenbarung. Die dem Transzendenten angeglichenen Institutionen nahmen zahlenmäßig zu. Ihre Breitenwirkung wurde mit der Zeit immer eindrucksvoller. Durch diese Einbeziehung konkreter Einrichtungen wurde im Christentum ein großer historischer Prozess ausgelöst, dank dessen die christliche Spiritualität neben ihrer eigentlichen Ausrichtung auf die „jenseitige Welt" immer mehr einen zweiten, auf „Zeitlichkeit" hin angelegten Weg hinzugewann. Die Absolutheit dieser Mischung von Transzendenz und Diesseits ist unserer Auffassung nach der fruchtbare Mutterboden, in der die spätere Bipolarität als eine jeder christlichen Spiritualität zukommende strukturelle Eigenheit aufblühen konnte.

Nach ihrer definitiven Verfestigung und zugleich Ausbreitung in der ganzen antiken Welt hat die christliche Lehre bestimmte Anpassungen vorgenommen und gewisse spirituelle Einflüsse akzeptiert, die ihr vom örtlichen oder ethnischen Geist der verschiedenen geographischen Regionen aufgezwungen wurden. Ja noch mehr: der örtliche und ethnische Geist hat sich möglicherweise nach einem Jahrhunderte anhaltenden Kampf zu einer Art zweiten Brennpunkt des spirituellen Lebens herausgebildet. Das christliche Geistesleben, das von seinem Ursprung her einseitig auf die Herrschaft des „Jenseits" ausgerichtet war, begann sich immer deutlicher rundum eine Achse mit konträren Polen zu etablieren. Dieser Prozess sollte geklärt werden. Er hängt jedes Mal davon ab, bis zu welchem Grad gewisse Kategorien der Zeitlichkeit sich dem Transzendenten angleichen. Wir betonen: gewisse Kategorien, nicht alle, und dies immer nur nach Präferenzen und gemäß einer spezifischen Auswahl des lokalen Geistes. Die christliche Lehre hat sich – das steht außer Zweifel – vorwiegend im Zeichen einer ewigen Transzendenz konstituiert. In ihrer geschichtlichen Entwicklung trat sie mit dem Anspruch in Erscheinung, jegliche Wertvorstellungen und „zeitliche" Gegebenheiten durch die eigenen Werte zu ersetzen. Der heftige Kampf zwischen dem christlichen und dem lokalen Geist endete aber überall mit einem großen Kompromiss, der durch eine Bipolarität des Geisteslebens gekennzeichnet war. Das Phänomen der Bipolarität wollen wir untersuchen, beschränken uns aber dabei auf allgemeine Gesichtspunkte des Katholizismus, des Protestantismus und der Orthodoxie.

Die wesensmäßig ganz auf die „jenseitige Welt" ausgerichtete christliche Lehre stieß in Rom bei ihrer ersten Berührung mit der diesseitigen Welt insbesondere auf die Vorstellung und den Geist der Staatsdisziplin, auf seine hierarchische Organisation und juristische Verfassung sowie auf den Gesetzesformalismus des römischen Lebens. Aufgrund ihres exklusivistischen Charakters beleidigte der christliche Glaube ausnahmslos alle Gottheiten, die in Erfüllung der von der irdischen Sittlichkeit auferlegten Pflichten die unabdingbaren Rechte erwarben, sich im höchsten Pantheon des kaiserlichen Sitzes aufzuhalten. Zwar hatte der Stifter der christlichen Religion einmal gesagt: „Gebt dem Kaiser, was des Kaisers ist", dennoch untergrub das Christentum mit seiner Lehre vom Jenseits allmählich durch sein schlichtes Vorhandensein die gesamte Lebenswelt und die diesseitigen, „zeitlichen" Werte des römischen Staates. Bekanntlich war die Reaktion des Kaisers oftmals so furchtbar, dass die Christen sich totstellen mussten. Der harte, andauernde, offen oder versteckt, nirgendwo und doch an allen Ecken und Enden geführte Kampf dauerte einige Jahrhunderte, um schließlich mit einem monumentalen Kompromiss zu Ende zu gehen. Die christliche Lehre, so könnte man sagen, ging dabei noch „siegreich" hervor, allerdings entstand aus dem Kreis mit einem einzigen Zentrum, wie es geschichtlich der Fall war, als sich die Lehre gemäß ihrer Bestimmung verbreitete, nunmehr eine Art Ellipse mit zwei Brennpunkten. Nach ihrem ersten Zusammenstoß mit der Welt der Zeitlichkeit triumphierte die christliche Lehre, wurde aber leicht aus dem Gleichgewicht gebracht. Um sich zu retten, musste sie ihre innere Achse verlängern und lernen, zwischen zwei Polen zu balancieren, was nicht immer ohne Hin- und Herschwanken gelang. Was also bedeutete diese Bipolarität für das römische Christentum? Die dem eben erwähnten Kompromiss entsprungene katholische Position gestattete neben der unzugänglichen Transzendenz einen zweiten Kristallisationspunkt des Lebens: die „Kirche“, verstanden als „Staat Gottes auf Erden“. Das eine Ende der katholischen Spiritualität bildete der Brennpunkt der „Transzendenz“, das andere Ende wurde durch „Autorität“ verkörpert. Der katholische Geist erscheint ab nun für alle Zeit unter Aspekten, die beispielhaft für die „staatsbildenden“ Kräfte stehen. In seinem wesensgemäßen und dauerhaftesten Ausbau stoßen wir beim Katholizismus auf einen ausgeprägten Willen zur Macht, auf herrschaftliche Bestrebungen, einen subtilen juridischen Scharfsinn, einen streng disziplinierten Geist, eine ununterbrochene Kampfbereitschaft gegenüber den politischen und sozialen Mächten, aber zugleich auch auf eine gewisse Nachgiebigkeit, die für die Aufrechthaltung des Gleichgewichts in einem solchen Kampf nötig ist. Der katholische Geist hat also aus der „zeitlichen“ Welt den Anteil der Bestimmungen, die den „Staat“ ausmachen und ihm angehören, herausgelöst und dem Transzendenten angeglichen. Zwischen diesen beiden Polen, der Transzendenz und den geheiligten Kategorien des Staates, pendelt das katholische Leben unablässig und stets wachsam. Alle seine unzähligen Interessen werden unter diesen dominierenden Extremen aufgeteilt.

Nun werden wir uns auch eine andere geistige Region ansehen. Im Germanien der mittelalterlichen Wälder stieß die christliche Lehre auf einen tief eingewurzelten Freiheitsdrang, auf eine unbändige Liebe zur Unabhängigkeit, Individualität, Sippe und Gemeinschaft. Gegen schwerste Widerstände setzte sich der christliche Geist am Ende auch hier durch. Manchmal gelang dies durch Ausrottung (die Vorgangsweise Karls des Großen), andernfalls auch durch Zähmung (die priesterliche Vorgangsweise). Nach einem Jahrhunderte langen Schwelbrand aber kam der lokale und ethnische Geist mit aller Macht zum Ausbruch, und dies sogar im

Rahmen des Christentums. Näher besehen verkörpert der evangelische Protestantismus nichts anderes als ein christliches Leben, das unter dem unwiderstehlichen Druck irdischer Kräfte schließlich einen zweiten sich herausbildenden Faktor akzeptierte, den Geist der „Freiheit". In qualvoller Dramatik wird der Protestant zwischen der jenseitigen Welt und der irdischen Freiheit hin und her geschleudert. Für den Protestanten sind die Kategorien der Freiheit mit den transzendenten Werten gleichrangig. Dem autoritären römischen Geist völlig fremd gegenüberstehend, einem Geist, der sogar durch die Taufe das Individuum schon der staatlichen Organisation unterstellt und es noch in der Wiege dazu verpflichtet, kommt der Protestant nur nach einer Phase der Unruhe und des Zweifels an allem zur Ruhe. Der Protestant festigt sein eigenes geistiges Leben nur nach einem langen inneren Ringen kraft eines kategorischen und individuellen Entschlusses, dem er im Allgemeinen auch durch sein Pflichtbewusstsein die Treue hält.

Auch das orthodoxe Geistesleben hat seine spezifische Bipolarität, die aber unglücklicherweise bis jetzt nie klar in vergleichenden Studien vermerkt wurde. Wie auch bei den Katholiken oder bei den Protestanten, so haben wir es auch in der Orthodoxie mit demselben Prozess der Angleichung „zeitlicher" Kategorien an das Transzendente zu tun. Natürlich handelt es sich bei dieser Art Angleichung um etwas gänzlich Anderes als im Katholizismus und Protestantismus. In der Orthodoxie meinen wir eine Aufteilung oder eine Pendelbewegung des seelischen Lebens zwischen der „Transzendenz" und den Kategorien des „Organischen" vorzufinden. Alles Organische wird in der Orthodoxie in den Rang eines zweiten Pols des spirituellen Lebens gehoben. Obwohl die Kategorien des Organischen der Welt des Zeitlichen angehören, stehen sie gleichsam auf derselben Stufe wie die jenseitige Welt. Wir werden den Lesern anhand einiger charakteristischer Beispiele die Möglichkeit geben, sich ein wenig mit der Atmosphäre der bipolaren Ordnung im Rahmen der Orthodoxie vertraut zu machen.

Eine der eindrucksvollsten Stellen in Dostojewskijs Roman *Die Brüder Karamasow* ist jene, in der beschrieben wird, wie Aljoscha, versunken in Erinnerungen und im Schmerz des Augenblicks, neben dem Sarg des Staretz Sosima Wache steht. Ein mit dem Totendienst betrauter Mönch liest Totengebete. Wie im Traum hört Aljoscha aus dem Evangelium die Hochzeit von Kanaan. Im Kontrast zur realen Situation ist dieser aufwühlende Traum, dieses neben einem Toten gehörte Evangelium gewiss merkwürdig und kann Zweifel und Verwirrung hervorrufen. Aljoscha fühlt sich, vom Übel des Todes überwältigt, angesichts seines vor ihm im Sarg liegenden Lehrers, dem heiligen Staretz, unter dem Einfluss der biblischen Erzählung von der Hochzeit in Kanaan, in eine Vision versetzt … Ihm scheint sich auf einmal der Raum zu erweitern … Was hat das zu bedeuten? Was ist geschehen? Ja natürlich … das ist die Hochzeit …, die Hochzeit von Kanaan … da sind die Gäste! Welche Fröhlichkeit! Und der Raum erweitert sich anscheinend wiederum. (Welch wunderbarer Ausdruck des russischen Raumhorizonts – diese Vision der wiederholten Erweiterung des Raumes! Erweitert er sich nicht zur ganzen Erde?) Und plötzlich sieht der junge Aljoscha Sosima unter den Gästen! Wie kann das sein? Wurde er auch eingeladen? Er lag doch eben noch im Sarg. Aber nein, er ist hier, Sosima befindet sich unter den Gästen der Hochzeit von Kanaan, und jetzt nähert er sich ohne Zögern Aljoscha und sagt zu ihm: „Freuen wir uns und trinken neuen Wein, den Wein der großen Freude …“ Und Aljoscha, aufgelöst in Tränen der Freude, geht aus dem Zimmer in die Nacht hinaus. Oben sieht er den bestirnten Himmel und die Milchstraße, und in diesem Augenblick fällt er, ohne zu wissen warum, wie hingemäht um und küsst weinend den Erdboden. In diesem Moment der Ekstase wird für Aljoscha die Erde zum Himmel. Die Wirklichkeit des Todes verwandelt sich für ihn in eine Vision des Lebens, in diese ewige Hochzeit von Kanaan. Aljoscha küsst mit Tränen der Freude die Erde, die große Bewahrerin des Lebens. Das Organische wird mit allen seinen Aspekten und Werten vom Diadem der Milchstraße gekrönt. Die Erde selbst wird zum Himmel. In dieser herrlichen Dichtung spiegelt sich gewiss ein wesentlicher Aspekt des orthodoxen Lebens wider. Dostojewskij war nicht nur ein einmaliger Kenner der Hölle und des Himmels der Seele, er war nicht nur ein Visionär des russischen Messianismus oder ein orthodoxer Dialektiker von unermesslicher Spannweite, sondern auch ein Lyriker des orthodoxen Lebens.

Um die Poesie des orthodoxen Lebens noch durch ein weiteres Beispiel zu belegen, sei an eine Legende vom Berg Athos erinnert. Auf den Mauern der Hauptkirche des Klosters Chiliandari am Berg Athos wächst, zum Lichte gestreckt, mit mächtigem Stamm und kräftigen Zweigen, eine Weinrebe. Die dort wohnenden Mönche erzählen, dass diese Weinrebe aus dem Grab des Heiligen Simion, dem Gründer des Klosters, wächst, und dass niemand sie gepflanzt habe. Wie durch ein Wunder ist sie allein aufgetaucht. Die Trauben der Rebe vermögen Frauen, denen die Gnade versagt ist, Kinder zu bekommen, fruchtbar zu machen. Und weiters wissen die Mönche, dass die Knaben, die auf diese Weise geboren werden, wenn sie groß geworden sind, immer von selbst den Weg zum Kloster finden. Sie sind gesegnet und fühlen sich unwiderstehlich vom mönchischen Leben und dem Lichte des Geistes angezogen.[7]

Es ist merkwürdig, wie sich in der asketischen Atmosphäre des Heiligen Berges, der in den extremen Ausprägungen des dortigen Seelenlebens an tibetanische Erleuchtungen und in ihrer innerlichen Disziplin an indische Yogis erinnert, eine solche dionysische Legende herausbilden konnte, wie etwa diejenige vom Weinstock aus dem Körper des Heiligen Simion, jener wunderbaren Gnadenquelle für das ewige Leben. Diese Erzählung vom Berg Athos ist aber dennoch besonders charakteristisch für den Geist der östlichen Orthodoxie. Sie ist die Legende vom Asketen Simion, in der sich das Wunder leiblicher Fruchtbarkeit ereignet, und dies dank des Verzichts auf das volle Leben, wie im Falle eines Einsiedlers. In der Vision Aljoschas, dieses von Heiligkeit und Sternen Trunkenen, erweitert sich die Totenkammer und wird zum Raum der Hochzeit von Kanaan. In der Ekstase dieses russischen Jesus wird die Erde, die Trägerin allen Lebens, zum Bild des Himmels.

Anhand dieser zufällig aufgegriffenen Beispiele der orthodoxen Literatur, denen man auch weitere nach Belieben zur Sei-

[7] Vgl. Franz Spunda, *Der heilige Berg Athos. Landschaft und Legende.* Leipzig 1928. (Anm. d. Übers.: i.O. steht dieser Buchtitel auf Deutsch.)

te stellen könnte, ersehen wir das Zeugnis einer Entsprechung zwischen der Heiligkeit und dem Wunder des Lebens, zwischen Himmel und Erde. Wir meinen, dass wir hier in eine Atmosphäre totaler Offenbarung eintauchen und dass die Ausstrahlung dieser Legende oder dieser Romanszene uns etwas vom eigentlichen Wesen der orthodoxen Spiritualität vermittelt.

Weiter oben behaupteten wir, dass unter dem Blickwinkel der Bipolarität die Erscheinungen der christlichen Spiritualität sich untereinander sehr unterscheiden. Die bevorzugten Bestimmungsstücke des Katholizismus sind jene der sakral-etatistischen Autorität, d.i. die Hierarchie, Disziplin, Unterordnung und Militarisierung im Sinne des Glaubens. Die Präferenzen des Protestantismus liegen in der Freiheit: in der Unabhängigkeit der Überzeugungen, in der Abwägung, der Problematisierung, der Entscheidung, der Pflicht und der Treue. Und die vorwiegenden Kategorien der Orthodoxie sind dem organischen Bereich entnommen: das Leben, die Erde, das Sein. Die Unterschiede der Bipolarität innerhalb der christlichen Spiritualität zeigen sich eindrucksvoll in der Art und Weise, wie die konfessionellen Gemeinschaften ihre verschiedenen Ausdrucksformen und die damit verbundenen Probleme des religiösen und spirituellen Lebens verstehen.

Konzeptionen der Kirche. Ein entsprechender Unterschied besteht bereits in der Auffassung, was „Kirche“ überhaupt ist. Die katholische Lehre betrachtet die Kirche wie einen Staat im Sinne von Autorität und Hierarchie. Die Kirche muss sich auf eine perfekte Organisation stützen können. Der Priester, der sich ganz den Interessen der Organisation widmet (Zölibat), wird zum zentralen Förderer dieser Organisation. Zumindest im Prinzip ist sein ganzes Leben von der Aufgabe bestimmt, im Sinne eines höheren Seins (Kirche-Staat) jeden Tag einen kreativen Beitrag dafür zu leisten und in jedem Augenblick dieses Sein hochzuhalten. Nur dies zählt in einer solchen Welt. Im ständigen Kampf mit gegnerischen oder konkurrierenden politischen, sozialen und ideologischen Kräften hat der Katholizismus ein erstaunliches historisches Gespür entwickelt. In ihrer Dynamik und in ihrem Rhythmus gehört die „Geschichte“ zur Idee des Staates oder ist eine Vorbedingung, die ihn möglich macht. Folglich hat der Katholizismus stets die „Geschichte“ als einen seiner wesentlichen Bestandteile angesehen, als ein unentbehrliches Medium, zum Unterschied der Orthodoxie, die sich eher unhistorisch gab. Der Katholizismus hat in allen Situationen ein starkes historisches Bewusstsein entwickelt und auch bei allen seinen Schritten selbst „Geschichte“ gemacht oder fruchtbare Kompromisse mit ihr zustande gebracht. Zu allen Zeiten hat der Katholizismus nicht nur eine große Anpassungsfähigkeit an die historisch bedingten Lebensstile und die zu ihnen gehörenden Diskurse bewiesen, sondern er war auch einer der bedeutendsten Faktoren für die Größenordnung der Stile und der Kultur. Es sei nur an seine überragende Rolle erinnert, die er bei der Verbreitung des romanischen, gotischen oder barocken Stils spielte. Indem der Katholizismus die Kirche als Gottesstaat auffasste, war er geschichtsumwälzend und versuchte stets, der Geschichte ein monumentales Gewicht zu verleihen. Gegenüber diesem kirchlichen Rollenverständnis der katholischen Spiritualität bemerken wir, wie dieses Verständnis bei den Protestanten fast jeglichen Inhalt verlor. Für die Evangelischen ist die „Kirche“ entweder eine bloße Fiktion oder, was auf dasselbe hinausläuft, nur ein gemeinschaftlicher Zusatz für die Individuen, welche aufgrund eigener Entscheidung ein immenses Interesse an ihrer inneren Freiheit haben. Jenseits dieser kalkulierten Synthese hat die Kirche fast keinerlei Bedeutung. Die protestantische Atmosphäre bevorzugt also besonders die Eigeninitiative, die auf das eigene Konto gehende Lebensführung, die originale Kreativität der Person, die Einzelentscheidung bis zum Tragischen hin. Die protestantische Lebenswelt begünstigt das laizistische Denken wie auch die laizistischen Kulturschöpfungen. Dies alles geschieht in einem Ausmaß, dass das laizistische Denken und die laizistische Kultur mehr oder weniger sogar das religiöse Leben ersetzen. Es ist allerdings nicht weniger wahr, dass im protestantischen Milieu sich diese Art der Lebensgestaltung mit dem tiefen Ernst religiöser Handlungen vollzieht. Im Protestantismus steht die Kirche im Dienste einer ethisch-religiösen Vertiefung des Alltagslebens, des Berufs und der individuellen Berufung.

In der Orthodoxie ist die Kirche weder ein autoritärer Staat noch ein Bündel konvergierender Willensentscheidungen. Was die Kirche betrifft, vertritt die Orthodoxie eine organische Auffassung par excellence. Die Kirche wird als ein „Organismus“ betrachtet, als eine „Einheit des Ganzen“, welche nicht nur den Menschen, sondern auch das Reich des Lebendigen und des Pflanzlichen umfasst. Für die Orthodoxen ist die Kirche nicht bloß eine auszudehnende Organisation, sondern hat von Anfang an den gesamten Kosmos im Blick. Das Individuum nimmt Teil an der ganzen Kirche wie das Glied eines Organismus am Leben und den Ausdrucksformen des ganzen Organismus. In Russland hat sich eine bekannte Lehre herausgebildet, und zwar eine der wirkmächtigsten der orthodoxen Spiritualität, gemäß der „jeder Mensch für die Taten aller“ verantwortlich ist. Wir haben gute Gründe für die Annahme, dass eine solche Lehre bei den Katholiken nie möglich gewesen wäre; erstens weil für Katholiken die Kirche eine über den Individuen stehende Institution ist, und zweitens, weil die Individuen bloß Kettenglieder einer von oben auferlegten Front, also organisierte Glieder und keine lebendigen Teile eines Organismus sind. Insbesondere aber wäre diese Lehre bei den Protestanten undenkbar gewesen, weil sie sich für Einzelgeschöpfe halten und fensterlos wie die Monaden bei Leibniz sind, die alle eine Welt für sich darstellen. Die erwähnte orthodoxe Lehre glaubt im Verborgenen tatsächlich daran, dass die Kirche, nämlich die „Einheit des Ganzen“, innerlich wie ein Organismus strukturiert und voll magischer Korrelationen ist. Wenn ein Glied eines Organismus erkrankt, so ist auch der ganze Organismus erkrankt, und jede Zelle muss leiden. Als Teil eines lebendigen und organischen großen Ganzen, macht sich jeder Mensch schuldig an den Handlungen aller. So meinen wir, dass diese eben angestellten Überlegungen hinreichend klarlegen, wie sich die christliche Spiritualität in ihren drei konfessionellen Ausprägungen ein jeweils anderes Bild von der Kirche macht. Dem Katholiken dient als Modell die Vorstellung des Staats, dem Protestanten die Idee der individuellen Freiheit und dem Orthodoxen die Vorstellung des Organismus.

Konzeptionen der Nation. Wie sehr die Orthodoxie an die Kategorien und Bestimmungen des „Organischen“ gebunden ist, wird uns auch indirekt durch ihren Umgang mit den Problemen des Begriffs „Nation“ vor Augen geführt. Indem die Orthodoxie grundsätzlich an der Vorstellung der Kirche als „Einheit des Ganzen" festhielt, war sie seit jeher auch gezwungen, in nationalen Einteilungen zu denken. Diese Aufspaltung ergibt sich definitiv aus demselben Glauben an den Höchstwert der „organischen" Gänze, welcher die orthodoxen Völker durchzieht und charakterisiert. In der orthodoxen Welt feiert das Organische Triumphe. Festzuhalten ist, dass der Geist der Orthodoxie die Nation mittels des stärksten organischen Kriteriums definiert, nämlich nach „Blut" und „Sprache". In der Orthodoxie fühlen sich die Individuen auf natürliche Weise in die höhere und komplexere Einheit des „Volkes" integriert. Die Vorstellung des Volkes als „organische Tatsache" hat bei den Orthodoxen zur kompletten Unabhängigkeit von der Staatsidee geführt oder sich oftmals sogar gegen diese gewendet. Als Beleg dafür müssen wir nur das Beispiel des rumänischen Volkes heranziehen, welches, jahrhundertelang unter ungünstigen Sternen stehend, sich dennoch als organische Einheit fühlte, die sich über die Barrieren und Schranken dreier Imperien hinwegsetzte. Auf das Gegenteil dieser eindeutigen Haltung weist die Zögerlichkeit der katholischen Spiritualität hin, was das Phänomen „Nation" anbelangt. Der katholische Geist missachtet oder toleriert höchstens die Vorstellung und die Wirklichkeit der „Nation", oder betrachtet diese von einem höheren Standpunkt aus als etwas nicht unbedingt Nötiges, gelegentlich sogar als einen schweren Mangel. So gesehen befolgt der Katholizismus alle Vorschriften einer Internationalen. Damit sprechen wir ihm aber nicht das Recht ab, die Fahne mit den Farben anderer Internationalen von universeller Reichweite hochzuhalten und ihren Namen zu tragen. Zu beachten ist auch, wie der sich auf einen Gottesstaat gründende Katholizismus alle natürlichen und organischen Grenzen, wie etwa die Sprache, in herausfordernder Weise sprengt und bis heute von einer toten, jedoch heiligen Sprache undurchdringlich umhüllt bleibt. Weiters beachte man die folgenschweren Wirrnisse, welche unter katholischem Vorzeichen zwischen den Vorstellungen der Nation und des Staates hervorgerufen werden. Wir östlichen Menschen können hingegen im Allgemeinen stolz darauf sein, dass wir ein viel stärkeres Empfinden des Ethnischen als die Westmenschen haben, gelegentlich auch in Verbindung mit einer klareren und auf jeden Fall natürlicheren Vorstellung von der Nation, indem wir diese Vorstellung mit jener des Volkes gleichsetzen. Der Mensch des Westens neigt auf Schritt und Tritt dazu, den Begriff der Nation mit demjenigen des Staates zu verwechseln, ja sogar die Nation vom Staat her zu begreifen. Die Verwirrung resultiert letztlich aus der Loslösung vom „Sein", aus der fehlenden Sympathie für alles, was organisch ist, also aus den typischen Einstellungen des katholischen Geistes. Im Gegensatz dazu hatte das wie eine warme Umarmung sich anfühlende Wohlgefallen am Organischen im Osten sowohl das Bestreben nach einer ökumenischen Kirche als organische Einheit des Ganzen als auch die nationale Aufteilung der Kirche zur Folge, ein Umstand, der sich ebenfalls als eine Art Organismus verstehen ließ. Das Haften an allem Organischen und an allem, was unter dessen lebendigem und souveränem Gepräge im Osten die Vorstellung der Kirche und des Volkes herausbildet, zeigt sich auch durch den bedeutungsvollen und zutiefst naiven Umstand, dass der Rumäne seinen Glauben schlicht als „rumänisches Gesetz" bezeichnet. Die Synthese jener beiden Ausdrücke, des Kosmischen und des Ethnischen, findet in den Kategorien des Organischen ihre vermittelnde Brücke.

Die Protestanten haben gewiss auch eine tiefe Vorstellung von einer Nation, aber sie bedeutet bei ihnen etwas anderes als im Osten und wieder gänzlich anderes als bei den Katholiken. Die Protestanten fühlen sich nicht so sehr mit dem wirklichen Volk bzw. der Nation organisch verbunden; sie problematisieren aufgrund ihres Naturells auch diese Vorstellung. Die Protestanten sind der Auffassung, dass die nationale Zugehörigkeit das Ergebnis einer Wahl sei, einer Option, die auf einer freien und individuellen Entscheidung beruht. Ist der Akt der freien Wahl einmal vollzogen, gliedert sich das Individuum in die Nation im Sinne einer Pflicht ein, die es konsequent und bis zur Selbstaufgabe erfüllt. Diese kurze Charakterisierung mag vielleicht etwas übertrieben sein, es stimmt allerdings, dass die protestantische Psychologie sich selbst in solchen Übertreibungen ergeht. Zwar gibt es keine präzise Doktrin im Sinne des eben Gesagten, aber im protestantischen Geiste ist das Freiheitsbewusstsein so vorherrschend, dass die geschilderten Verhältnisse *cum grano salis* der Wirklichkeit entsprechen. In der Welt der Protestanten ist die Eingliederung der Person in die Nation allem Anschein nach kein organischer und natürlicher Vorgang, sondern das Resultat einer Abwägung, und so gesehen ein heiliger Akt, der auf einem Pflichtbewusstsein beruht und von diesem vollzogen wird. Die Freiheit, das Infragestellen und der Entschluss sind Momente und Phasen, die bei der Integration der Person in die Nation mitspielen. Mit anderen Worten ist die Nation kein richtiger Organismus, der eine tief unbewusste Grundlage hat und sich nie deutlich zeigt wie im orthodoxen Osten, sondern eher eine Gemeinschaft freier Individuen mit konvergierenden Interessen, ein abstraktes Gebilde, das sich in Form von Willensakten und als erhabener Ausdruck der Pflicht verfestigt. Dass diese im Grunde merkwürdige Interpretation des Verhältnisses von Individuum und Nation der protestantischen Gesinnung entspricht, kann anhand eines kleinen Umwegs gezeigt werden, der auf die kantische Auffassung vom „Charakter" Bezug nimmt. Das Beispiel scheint ein wenig im Abseits zu liegen und ein Gedankensprung zu sein, doch ist es erfreulich klar und belegt sehr gut, was vorhin behauptet wurde. Bekanntlich hat Kant die „Freiheit" mit einem starken metaphysischen Akzent versehen. Die mit der Geschichte philosophischer Lehren ein wenig vertrauten Leser wissen, dass für Kant die „Freiheit" zum Gipfelpunkt der noumenalen Welt wurde. In seinen ethisch-metaphysischen Spekulationen hat Kant bei Gelegenheit sich bis zur „Pointe" vorgewagt, dass der Mensch in gewissem Sinne auch für seinen „Charakter" verantwortlich ist. Für Kant scheint der Charakter selbst das Ergebnis einer Wahl, ein Akt des Entschlusses, der Entscheidung und der geistigen Freiheit zu sein. Wie neu und unerwartet, wie zufällig diese Idee gegenüber der protestantischen Dogmatik auch aufgetaucht sein mag, so ist sie trotzdem von sehr protestantischem Gehalt. Wenn also eine solche Beziehung zwischen dem Individuum und seinem Charakter im protestantischen Umfeld erscheinen konnte, so glauben wir zu Recht, dass wir, wie weiter oben, auch das Verhältnis von Individuum und Nation ganz im Sinne der protestantischen Psychologie richtig interpretieren.

Für den Katholizismus schließlich ist die Nation bestenfalls eine geduldete Größe, geduldet solange sie seinem organisatorischen und imperialistischen Geist nicht hinderlich ist; andernfalls kommt sie auf die Proskriptionsliste oder wird auf den Index gesetzt. Für den Protestantismus ist die Nation der Gegenstand einer moralischen Entscheidung, eine abstrakte Form, die der problematischen Konvergenz freier Individuen ihre Richtung vorgibt. Für die Orthodoxie gleicht die Nation einem Organismus, dem als solcher jener Wert zukommt, dessen sich in der orthodoxen Atmosphäre alle Eigenschaften des Organischen erfreuen.

Mundarten. Wir haben uns oftmals gefragt: Wie ist es möglich, dass die rumänische Sprache, die unser Volk auf dem ganzen Territorium des Landes spricht, im Vergleich zu den romanischen und germanischen Sprachen, die in so viel Dialekten aufgespalten sind, relativ einheitlich ist? In der deutschsprachigen Schweiz ist auffällig, dass sich die lokale Mundart sogar von Dorf zu Dorf unterscheidet, gar nicht zu reden von den Besonderheiten, die von Kanton zu Kanton echte Sprachbarrieren darstellen. In Italien kann sich ein Mensch aus Ligurien mit einem Neapolitaner nur durch Gebärden und Gesten wie die Taubstummen verständigen. Was die Einheit der Sprache betrifft, besteht dasselbe Problem sowohl in Deutschland wie auch überhaupt im Westen oder im skandinavischen Norden. Die rumänische Volkssprache ist dagegen fast ein Vorbild für Einheit, besonders wenn man die weit gesteckten Landesgrenzen der Rumänen in Betracht zieht. Die Einheit unserer Sprache ist wahrlich ein Problem. Wie lässt sich dieser sprachliche Gleichklang auf einem kreisförmigen Gebiet mit einem Durchmesser von achthundert Kilometern erklären? Wären die historischen und wissenschaftlichen Belege für die kontinuierliche Existenz des rumänischen Volkes nicht so einleuchtend und offensichtlich, wie sie sind, so könnte man leicht eine Erklärung finden; die Einheit der rumänischen Sprache rühre daher, dass sie noch relativ jung sei. So gesehen müssten wir annehmen, dass die rumänische Sprache wesentlich jünger wäre, als es die abendländischen Sprachen sind, und dass sie sich erst vor kurzem wie aus einem punktförmigen Zentrum heraus verbreitet hätte. Doch ist die Annahme der erst kurz zurückliegenden Verbreitung der rumänischen Sprache in jeder Hinsicht gekünstelt und unhistorisch. Die ältesten, absolut sicheren und von niemandem bestrittenen Belege für die Existenz des rumänischen Volkes auf seinem beinahe gesamten heutigen Territorium stammen aus einer Zeit vor achthundert Jahren. Ein solcher Zeitraum ist aber lange genug, um Mundarten von viel größerem Ausmaß hervorzubringen, als es wirklich der Fall war. Derartige sprachliche Verschiedenheiten haben sich allerdings nicht herausgebildet, obwohl die nötige Zeit zur Verfügung gestanden wäre, sich in Ruhe dahingehend zu entwickeln. Faktisch wird also die Hypothese von der kurzen Ausdehnungsdauer der rumänischen Sprache zwecks Erklärung ihrer Einheit gänzlich unhaltbar. Auf der anderen Seite sprechen die philologischen Argumente für ein Alter der rumänischen Sprache, das keineswegs geringer als das ihrer romanischen Schwestern ist. Unter diesen Umständen bleibt es bei der Frage: Warum hat sich die rumänische Sprache so einheitlich durchgehalten, während die anderen romanischen und germanischen Sprachen, die genauso alt und ebenso verbreitet sind, sich in so viele Dialekte aufgeteilt haben? Hat etwa auf dem rumänischen Territorium eine intensivere menschliche Kommunikation stattgefunden, welche diese Aufteilung hinauszögerte? Man hat auch solche Meinungen in Umlauf gebracht. Der Glaube daran ist aber einfältig und hält der historischen Erfahrung nicht stand. Welches Land hatte einen regeren Verkehr der Menschen untereinander als Italien? Ist Italien nicht ein richtiger Jahrmarkt der Dialekte? Um die Einheitlichkeit der rumänischen Sprache zu erklären, müssen wir andere Wege beschreiten. Das Problem ist einem ganz anderen Bereich zuzuordnen. Die Einheit der rumänischen Mundart hat sehr aufschlussreiche Ähnlichkeiten mit den slawischen und süd-osteuropäischen Sprachen. Im Allgemeinen zeigt sich das großartige Phänomen einer relativen sprachlichen Einheit bei den orthodoxen Völkern, wie dem russischen, ukrainischen, serbischen oder griechischen Volk. Damit erweitert sich die Problemstellung beträchtlich. Vielleicht lässt sich dies damit erklären, dass der Stil des Lebens und der Mentalität im Westen gänzlich anders als im europäischen Osten sind. Der westliche Katholizismus, der an die heilige Sprache gebunden war und auch sein wird, hatte von Anfang an kein Interesse an der lebendigen Sprache der jungen Völker. Auf diese Weise konnten sich die lebenden Sprachen ohne spirituelle Überwachung von oben nach ihrem inneren Gesetz entwickeln. Die lebenden Volkssprachen hatten die Freiheit, sich in einem entsprechenden Umfeld gemäß seinen ihm örtlich zugehörigen Bestrebungen zu entfalten. Indem sich der Katholizismus auf eine sakrale und tote Sprache fixiert hatte, behinderte er nicht die mundartliche Verzweigung und stellte sich dieser Entwicklung, die normalerweise Schritt für Schritt zu den einzelnen Dialekten führt, nicht in den Weg. Dies ist die eine Seite des Problems. Eine andere Seite ist die, dass in den germanischen oder von den Germanen beeinflussten Gegenden, d. h. mehr oder weniger im gesamten Westen, die Ergreifung von Initiative, die Freiheit und Individualität, in jeder Hinsicht mit aller Kraft verteidigt wurde, und dies immer schon und nicht nur erst seit der Reformation. In diesen Regionen hat die „Individualisierung" auf jedem Gebiet Vorrang gegenüber dem Konformismus. Der Geist der Initiative, der individuellen Freiheit und des Nonkonformismus, der sich von den germanischen Brennpunkten aus über Europa verbreitete, hat in unvorstellbarer Weise die Aufspaltung in Mundarten begünstigt. Die Völker des europäischen Ostens richten sich überhaupt nicht nach individueller Initiative oder Kategorien der Freiheit, sondern nach der Welt des Organischen. Damit wird im Osten eine besondere Atmosphäre geschaffen, in der vieles anders als im Westen gesehen und behandelt wird. Unter anderem betrifft dies auch die Sprache. Sie wird hier nicht bloß als ein zur Verfügung stehendes Material betrachtet, das je nach individueller Initiative zurechtgeformt werden kann, sondern wird als ein lebendiger und überindividueller Organismus angesehen, als eine umfassendere Ganzheit, in die sich der Mensch mit natürlichem Respekt eingliedert. Diese respektvolle Haltung des Menschen gegenüber der Sprache erlaubt auch deren Entwicklung zu einem groß angelegten und relativ einheitlichen Organismus gemäß seiner anonymen Gesetzlichkeit, aber nicht nach individuellen Eingebungen und Launen. Der angeborene Respekt des östlichen Menschen gegenüber der als Organismus geltenden Sprache, welcher über dem Recht auf Eigeninitiative steht, hat einen allzu gewaltsamen Zerfall in Dialekte verhindert. Individuelle Abirrungen stehen in unserem Osten unter der natürlichen Kontrolle einer anonymen Macht; sie sind gleichsam „Sünden", die nicht frei begangen werden können wie im Westen. Die Einheit der rumänischen Sprache ist daher weder ein philologisches noch ein politisches, sondern ein sehr tiefliegendes Problem der Kulturphilosophie und der Philosophie des Lebensstils.

Auch ein anderer linguistischer Aspekt der westlichen und der östlichen Lebensform ist von Interesse. Wir nehmen Bezug auf die Entstehung literarischer Sprachen. Die italienische oder die deutsche Sprache der Literatur verdanken sich, wie man weiß, machtvollen individuellen Initiativen, die sich schließlich aufgrund strahlender politischer und kultureller Konjunkturen durchsetzten. Haben sich diese Literatursprachen erst einmal etabliert, so werden sie beinahe zu einer Art staatlicher Institutionen; sie kristallisieren sich heraus, ohne mit Dialekten oder volkstümlichen Sprechweisen zu sehr in Berührung zu kommen. Die westliche Literatursprache greift kaum Anregungen oder Erneuerungen auf, die von der Volkssprache her stammen. Sie übergeht in ihren eigenen Kreationen gänzlich Persönlichkeiten aus dem Volk, sondern erneuert sich vollkommen aus sich selbst heraus. Ganz anders verhält es sich bei uns im Osten. Hier sind die Literatursprachen allmählich aus den Volkssprachen hervorgegangen und stehen weiterhin unter ihrem Einfluss. Die hiesigen Literatursprachen wachsen unaufhörlich wie Organismen und werden auch heute noch von Volkssprachen mit Nahrung versorgt. Zwischen der Literatursprache und der Mundart besteht immer eine organische Osmose. Der Grund dafür liegt nicht darin, dass die Literatursprachen weniger entwickelt wären als diejenigen des Westens, sondern weil es dem stilistischen Lokalkolorit so entspricht. Als die rumänische Literatursprache einen Bedarf an Erneuerung verspürte, machte sie Bekanntschaft mit den missglückten Versuchen eines Cipariu oder Aron Pumnul[8], Versuche von zweifellos respektablem geistigen Format, welche aber vom rumänischen Volk als „unorganisch“ empfunden wurden. Uns erscheint diese Ablehnung heute als selbstverständlich, obwohl sie es nur dann ist, wenn wir berücksichtigen, dass der Osten sein Seelenleben stilistisch ganz entscheidend nach dem „Organi-

[8] Timotei Cipariu (* 21.Februar 1805 in Pănade, heute Gemeinde Sâncel, Siebenbürgen; † 3.September 1887 in Blaj) war ein rumänischer griechischunierter Priester, Philologe und Politiker. Aron Pumnul (* 27.November 1818 in Cuciulata;† 24.Januar 1866 in Czernowitz) war ein österreichischer Rumänist.

schen" ausrichtet. In einem anderen spirituellen Ambiente hätten derlei Versuche sicherlich Erfolg gehabt. In Ungarn konnte sich das Experiment von Kazinczy[9] durchsetzen. Desgleichen vergesse man nicht, dass ein Versuch ähnlicher Natur und von größter Gelehrsamkeit beispielsweise in Norwegen geglückt ist. Ivar Aasen[10] schuf 1853 eine Kunstsprache, die „norwegische" Sprache (Landessprache), die von einer Reihe großer Schriftsteller angenommen wurde und heute eine der zwei Literatursprachen des Landes ist.

Unterschiede unter kulturellem Blickwinkel. In Folge der bevorzugten und zu gegensätzlicher Bedeutung gelangten Kategorien haben der katholische, der protestantische und der orthodoxe Geist, jeder für sich und aus eigenem Antrieb, eine jeweils andere Art von „Kultur" begünstigt. Der Katholizismus hat vorwiegend eine Kultur geschaffen, die eine starke und durchorganisierte Front in einer Richtung aufbaute. Ihm kommt besonders das Verdienst der Schirmherrschaft einer „monumentalen" Kultur zu, wie sie uns in allen überdimensionierten romanischen, gotischen und barocken Bauwerken begegnet, Bauwerke von großer Ausstrahlung, systematisch zusammenhängend und hierarchisch demselben Gedanken dienend. Ganze Epochen der europäischen Geschichte tragen diese Handschrift und sind katholisch geprägt. Die protestantische Atmosphäre bot im Allgemeinen der großen individuellen Schöpfung mehr Spielraum, indem sie Zeichen einer unverwechselbaren Originalität setzte. Sie favorisierte die Persönlichkeit als solche. (Kant und Goethe sind zweifellos die höchsten dabei erreichten Gipfel). Das orthodoxe Klima, das auf alles Organische Wert legte, hob stärker Schöpfungen von natürlicher Spontaneität hervor, von anonymer, volkstümlicher und folkloristischer Spontaneität. Die am höchsten entwickelte, komplexeste und differenzierteste europäische Volkskultur ist unserer Ansicht nach den orthodoxen Völkern zuzuordnen. Im Geiste

---

[9] Ferenc Kazinczy (1759–1831), ungarischer Schriftsteller und Sprachreformer.

[10] Ivar Andreas Aasen (* 5. August 1813 in Ørsta, † 23. September 1896 in Christiania) war ein norwegischer Sprachforscher, Dialektologe und Dichter, der die Grundlagen für die autochthone norwegische Schriftsprache Nynorsk schuf.

kanonischer Disziplin schaffte es der Katholizismus, der angeborenen Spontaneität der Völker seine eigene Mentalität aufzuzwingen. Der Katholizismus lenkte seine Kräfte so, dass er das freie Spiel der volkstümlichen Einbildungskraft unterdrückte und ohne viel Aufhebens nur die Verbreitung der Legende von wunderbaren Geschehnissen zuließ. Die katholische Einbildungskraft der Bevölkerung wird beständig in den Hauptstrom des Kanons geleitet. Mit ihren bewussten Neigungen zum Rationalismus und ihrem übersteigerten Hang zum Praktischen ist es den Evangelischen ihrerseits gelungen, die schöpferische Kraft der Volkskultur hochgradig zu sterilisieren. Die Volkskultur ist im Westen gegenüber derjenigen des europäischen Ostens entweder enervierend kanonisch oder ganz trocken. In der Schweiz, wo wir einige Jahre verbrachten, konnten wir in Gesprächen mit dortigen Germanisten oder Romanisten erfahren, dass im Westen der Begriff der „Volkskultur“ fast zur Gänze verschwunden ist. Die Wissenschaft neigt dort dazu, jedes Produkt und kulturelle Phänomen auf eine individuelle Schöpfung zu reduzieren. Philologen von unbestreitbarem Ruf ist dasjenige, was Volksdichtung ausmacht, völlig fremd.[11] Die Kraft der Ballade, die Zartheit des Liedes, die abgründige Tiefe des Sprichworts, der Reichtum und die Feinheit der Volkskunst, also alles, was dem europäischen Süd-Osten zuzurechnen ist, wird dort für unglaublich gehalten. Wenn die Schweizer mit Übersetzungen der *Miorița,* des *Toma Alimoș* und des *Meșterul Manole,* mit Liedern aus der Maramuresch oder der Târnave konfrontiert wurden, standen sie wie vor einem Wunder.[12]

---

[11] Im Übrigen enthält eine berühmte Sammlung wie diejenige *Des Knaben Wunderhorn* unserer Meinung nach eine Menge an Gedichten, die überhaupt keinen volkstümlichen Stil haben. Sie sind eher einfache Gedichte unbekannter Autoren. Die Tatsache, dass die einfache anonyme Dichtung mit der Volksdichtung verwechselt wird, ist ein weiterer Beweis dafür, in welchem Ausmaß der Westen die Vorstellung von Volksdichtung verloren hat.

[12] Anm. d. Übers: *„Miorița“* (auf Deutsch auszusprechen „Mioriza“) ist ein populäres Schäferlied, *„Toma Alimoș“* (auf Deutsch auszusprechen „Toma Alimosch“), legendäre Figur des Räubervolks der Heiducken, in Gedichtform gebracht vom Dichter und Politiker Vasile Alecsandri

Nach Jahren des Aufenthalts in diesem Alpenland hatten wir erstmalig das Glück, den Schweizer in Superlativen sprechen zu hören. Und diesem Gefühl der Bewunderung für die rumänische Volkskultur begegneten wir nicht nur einmal, sondern auf Schritt und Tritt. So wurde erstmals auch die helle Begeisterung Goethes verständlich, welche die serbische Volksdichtung in ihm hervorrief.[13]

Man stelle sich vor, dass Goethe die wertvollste Seite jener Dichtung vielleicht unter Umständen gar nicht kennenlernen hätte können! Ja, der ganze Reichtum und Wert der Populärkultur wäre nicht zustande gekommen und hätte sich nicht halten können, wenn sie nicht unter dem Schutz des orthodoxen Geistes gestanden wäre, der gegenüber allem „Organischen" eine tiefe Ehrfurcht empfindet. Der Katholizismus und der Protestantismus begünstigten die Entwicklung von Burg und Stadt, während die Orthodoxie besonders den Ausbau des Dorfes bevorzugte. Die Dörfer im Westen sind im Allgemeinen Städte in Kleinformat, und die sogenannte Volkskultur hat dort am häufigsten einen städtischen Ursprung. Die Dörfer im Westen sind wie Lagerräume für alte Kleider und aus der Mode gekommene Formen städtischer Herkunft. Die Städte des orthodoxen Ostens waren – zumindest vor dem Eindringen der Zivilisation – bloß aufgeblähte Dörfer. Aber das Dorf entwickelte sich permanent weiter, sogar dann, wenn es mächtigen Fremdeinflüssen ausgesetzt war.

(1821–1890), *„Meşterul Manole"* (auf Deutsch „Meister Manole), Drama von Carmen Sylva (1843–1916, Gattin des rumänischen Königs Carol I.), in deutscher Sprache, 1892. *Maramuresch* ist ein rumänischer Kreis im Norden Rumäniens mit der Kreishauptstadt Baia Mare, *Târnave* ist ein Weinbaugebiet nördlich von Sibiu/Hermannstadt.

[13] Goethe hatte im Jahre 1775 den *Klaggesang von der edlen Frau des Asan Aga* übersetzt. (Quelle: aus einer morlackischen [serbischer Dialekt, Anm. d. Übers.] Geschichte, die in der italienisch geschriebenen *„Dalmatinischen Reise"* des Abate Alberto Fortis erschienen ist. Das Interesse Goethes für die serbische Poesie wurde im Jahre 1815 geweckt, als ihm Vuk Stefanovic [Reformer der serbischen Schriftsprache, Anm. d. Übers.] ihm seine von ihm gesammelten, ins Deutsche übersetzten Volksgedichte zugesendet hatte.

Mission, Proselytentum, Magie. Indem der Katholizismus sich in Form eines Gottesstaats auf Erden gestaltete, zeigte er von Anfang an einen deutlichen Willen zu einer imperialistischen Ausdehnung. Die Missionare fühlen sich beauftragt und verpflichtet, mit allen Mitteln, wie etwa durch blendende Argumentation oder durch gute Taten, durch die Drohung mit der Hölle und dem Versprechen ewiger Seligkeit, neue Mitglieder für die Kirche zu gewinnen. Gerade darin besteht der Zweck der Mission: Das Gewissen zu binden, aber unter Anwendung ausgewogener und berechenbarer Mittel, die ganz den eigentlichen Zweck im Blick haben. Hat sich nicht durch missionarischen und von außen noch hinzukommenden Übereifer eine ganze Philosophie der Heiligung von Mitteln durch den Zweck herausgebildet? Mit demselben Eifer, aber mit geringerer Berechnung, geschieht dies auch bei den Evangelischen, aber das zu gewinnende Individuum ist hier kein bloßes „Objekt“, sondern ein „Subjekt“; hier versammeln sich die Anhänger in einem Milieu des freien Gewissens der Person, an die sich der Appell wendet. Der Mensch kann überlegen, sich überzeugen, sich im Kampf mit sich allein einzeln entscheiden. Der Evangelische ist selbst auch sehr oft auf der Suche, er unternimmt eine ständige Anstrengung bei der Jagd nach der reinen Lehre, und wenn er meint, er besitze sie, versucht er, insgeheim dazu verpflichtet, auch den Mitmenschen von der gefundenen Wahrheit zu überzeugen. Die Orthodoxie betreibt keine solche Anwerbung, jedenfalls nicht in einem methodischen Sinn. Der organisierte Zwang und ein zu eindringlicher Ruf ans Gewissen der Person widerstreben ihr gleichermaßen. Die Orthodoxie gibt sich damit zufrieden, um sich herum eine suggestiv wirkende Atmosphäre zu erzeugen. Und wenn es doch hie und da vorkommt, dass sich die Orthodoxie verbreitet, dann geschieht dies auf organische Weise, Schritt für Schritt, mit der ihr einwohnenden inneren Magie. Die Kanzel fungiert bei den Katholiken als eine Art militante Rednertribüne, bei den Protestanten entspricht sie einer pädagogischen Einrichtung, sie wird zum Katheder, von dem aus die Bereitschaft des Auditoriums geprüft wird, der jeweils rationaleren Auslegung, als es die vorhergehende ist, zuzustimmen. In der Orthodoxie ist die Kanzel nur ein Zusatz zum Ritual. Von der Kanzel aus ist es dem Priester gestattet, einen Rat oder einen familiären Hinweis zu erteilen. Sein Wort will nur ein in die Seelen gestreutes Samenkorn sein. Er fühlt sich nicht dazu berufen, für die Ernte oder das Wachstum des Samenkorns zu sorgen, dies ist die Sache Gottes. Die Orthodoxie ist, mit anderen Worten, jedem gegenüber, der bei ihr anklopft, empfangsbereit, sie freut sich über Gäste, aber sie ist weder militant noch beharrt sie darauf, zu überreden oder mit großen Gesten zu überzeugen. Ohne sich dessen vollauf bewusst zu sein, ist die Orthodoxie der Auffassung, dass der Glaube im Menschen wie eine Blume wachsen und sich wie ein Wunder von selbst ergeben muss. Der Glaube darf sich nicht von äußerem Glanz blenden oder von Argumenten erzwingen lassen, aber auch nicht wie einer unreifen Leibesfrucht vorzeitig zur Geburt verholfen werden. Er entsteht aus sich selbst heraus. Seine Bestimmung liegt darin, zu wachsen wie eine Pflanze. Das ausgeworfene Samenkorn darf man weder mit dem Messer zerlegen, um es keimen zu lassen noch mit Zaubersprüchen dazu bewegen, Wurzeln zu schlagen. In der katholischen und protestantischen Welt sind Übertritte, Konvertierungen, Austritte, individuell oder kollektiv, an der Tagesordnung. Dies scheint auch in einer so militanten oder auch pädagogischen Institution selbstverständlich. Wenn der Protestant ein wenig seine Orientierung verloren hat, wandert er von einer Lehre zur anderen und wird zu einem richtiggehenden Heilsnomaden, der wie verrückt umherirrt und an die Türen aller Sekten anklopft. Der Katholik ist viel mehr an die Organisation gekettet, weil er vonseiten des Pfarrers oder der Gemeinde einer strengen Kontrolle unterliegt. Er ist im Allgemeinen so erzogen, dass ihn der Glaube ständig wachhält, dass er also jeden Augenblick bereit ist anzugreifen oder sich zu verteidigen. In spiritueller Hinsicht führt der Katholik ein Lagerleben. Und es kräht kein Hahn, ohne dass er an den Verrat Petri erinnert wird. Für den Katholiken ist es, mit anderen Worten, viel schwerer aus der Gemeinde auszubrechen, als für den Protestanten, dem jeder Fluchtweg offensteht. Dennoch gibt es auch für den Katholiken zahlreiche Anreize für einen Austritt, weil seine Bindung an die Kirche oftmals ganz äußerlich ist. Andererseits existieren auch für jeden militanten Katholiken Anlässe zu einem Übertritt. Wer für eine Idee kämpft, riskiert auch, sich von der gegenteiligen Idee überzeugen zu lassen. Hingegen ist der Orthodoxe in seinem Glauben organisch verwurzelt; die Masse der Gläubigen ist in der Orthodoxie von beeindruckender Stabilität. In einem viel höheren Grad als der Katholik und der Evangelische ist der Orthodoxe kraft seines Unterbewussten ein Christ, und seine ganze Erziehung richtet sich danach. In der Orthodoxie unterhält das menschliche Unterbewusste instinktiv eine Beziehung zum christlichen Glauben. Im Gegensatz dazu wollen der Katholizismus und der Protestantismus gerade das christliche Bewusstsein mit größtmöglicher intellektueller Schärfe begreifen. Nirgendwo sonst ist aber der christliche Glaube so tief ins Unterbewusste eingedrungen wie bei den Orthodoxen. Deshalb ist der Orthodoxe in einem organischeren Sinn christlich als der Katholik oder der Evangelische. In der Orthodoxie werden Neuerungen nur dann akzeptiert, wenn sie instinktiv erfolgen bzw. in den schon vorhandenen organischen Zusammenhang hineinpassen. Als Beleg dafür lässt sich an die unablässigen, aber glücklosen Versuche der siebenbürgischen Reformer des 16. Jhdts. erinnern, die Priesterschaft und die rumänischen Bauern für ihre Ideen zu gewinnen. Dem rumänischen Volk wären dabei gewiss soziale und ökonomische Vorteile erwachsen, trotzdem widerstanden die orthodoxen Rumänen dieser Versuchung. Das Einzige, wofür sie empfänglich waren und was als Resultat der präreformatorischen und reformatorischen Vorschläge anzusehen ist, war, gleichsam als allgemeinverständliche Geste, die Einführung der rumänischen Sprache in die orthodoxe Kirche, an Stelle des Kirchenslawischen, das sich so lange Zeit nur aus Gründen der Tradition gehalten hat. Wie erstaunlich widerstandsfähig ist hier der organische Zusammenhalt gegenüber dem Sprudel an neuartigen Ideen, der jenem aufwühlenden Jahrhundert der siebenbürgischen Geschichte entspringt! Ungefähr zwei Jahrhunderte später werden wir, ebenfalls in der Geschichte Siebenbürgens, Zeugen der Kämpfe der rumänischen Dörfer gegen die Versuche, ihnen den katholischen Glauben aufzuzwingen. Es waren die heldenhaftesten Kämpfe, welche von den Rumänen auf spirituellem Gebiet je geführt wurden. Dort wo die Lage durch Druck oder falsche Versprechungen, durch Blutvergießen, Unterdrückung und Terror unerträglich wurde, beugten sich die Rumänen dem Katholizismus. Aber in welcher Form? In Wahrheit konnten die Rumänen weder damals noch später dazu gebracht oder gezwungen werden, von ihrer Tradition, ihrer Atmosphäre oder ihrer orthodoxen Spiritualität auch nur das Geringste aufzugeben. In Wirklichkeit verpflanzten sie das Herz der Orthodoxie in die Brust des Katholizismus, wo es bis heute ein Fremdkörper geblieben ist. Das Zugeständnis, das die Rumänen durch die Anerkennung des päpstlichen Primats und einiger inhaltsarmer, von niemandem verstandener Dogmen machten, beeinflusste in keiner Weise den orthodoxen Glauben derer, die sich der Vereinigung mit Rom beugten. Der katholische Imperialismus hat aber wohl verstanden, dass hier kein durchschlagender Triumph eingefahren werden konnte und verzichtete darauf, ihn weiterhin anzustreben. Im Grunde haben nicht die Rumänen nachgegeben, sondern der Katholizismus ging auf sie zu, indem er seinen eigenen Stil verwässerte.

Vorstellungen von der Erlösung. Wie für jeden Christen steht auch für den Katholiken das Problem der seelischen Erlösung an vorderster Stelle. Diese Erlösung ist aber nach katholischem Verständnis ein Geschenk, das dem Individuum wie der Widerhall der trimphierenden Kirche zugute kommt. Für den Katholiken hat der Triumph der Kirche, die sich als Gottesstaat versteht, Vorrang gegenüber allen anderen Problemen, er hat eine nicht zur Diskussion stehende Priorität vor allen anderen Bestrebungen. Nicht nur einmal glaubte der Katholik, dass die Kirche auf jeden Fall triumphieren müsse, und sei es sogar mit Mitteln des Zwanges, die nie so schlecht sein hätten können, dass sie sich nicht durch die Heiligkeit des Zwecks rechtfertigen ließen. Diese beharrliche Ausrichtung der menschlichen Energien auf den Triumph hin mag vielleicht von Erfolg gekrönt sein, hat aber den Nachteil, dass sie im individuellen Bewusstsein Gedanken hervorruft, die sich sehr oft gegen die natürlichen Regungen des moralischen Bewusstseins richten. Um diese unbedingte Hinwendung zum Triumph der Kirche zu rechtfertigen, ist der katholische Geist manchmal gezwungen, sich zu drastischen Formalitäten und einer peinlich genauen Kasuistik zu versteigen. Diese Problematik über alle sonstigen Fragen und Interessen zu stellen ist dem seelischen Heil durchaus abträglich. Das Heil wird nicht mehr um seiner selbst willen angestrebt, sondern ist ein verunreinigter Widerschein des zentralen kirchlichen Anliegens. Durch die bekannte katholische

Maxime „Außerhalb der Kirche gibt es kein Heil“ wird ja nichts anderes von jedem Einzelnen verlangt, als mit allen seinen Kräften sich für den Triumph der Kirche einzusetzen, der auf Schritt und Tritt nach Vergrößerung verlangt.

Wie steht der Protestant zur Frage der Erlösung? Wir wissen, dass der Protestant vor allem auf seine Freiheit stolz ist. Folglich glaubt er, dass es für ihn wirkliches Heil nur in Freiheit geben kann. Zweifellos denkt der Protestant über dieses Problem sehr tief nach, er geht aber manchmal zu weit und überspannt den Bogen. Die Kehrseite der Medaille besteht dann für das Seelenleben des Protestanten in einer furchtbar tragischen Einsamkeit. Er hebt zwar das Problem auf eine höhere Ebene, erschwert aber damit absichtlich dessen Lösung. In der immer größer werdenden Leere zwischen Problem und Lösung wird der Protestant von religiösen Krämpfen hin und her geschüttelt. Einem Orthodoxen hingegen scheint die übertriebene Sorge des Protestanten um sein Seelenheil ziemlich beschämend und im Grunde fast egozentrisch zu sein. Wie beruhigend und voller Möglichkeiten der Entspannung ist dagegen die orthodoxe Einstellung. Der Mönch des Berges Athos sorgt sich um das Heil nur in der weiteren Bedeutung einer Errettung der „Einheit des Ganzen“. So wie sich der Orthodoxe für die Taten jedes Einzelnen schuldig fühlt und die Sünden jedes Einzelnen auf alle ausstrahlen, genauso hebt nach orthodoxem Glauben die Erlösung des Einzelnen die Gesamtheit aller auf ein höheres seelisches Niveau. Eine solche Auffassung ist nur aufgrund der Annahme möglich, dass die Menschheit einen riesigen Organismus voll innerer magischer Beziehungen darstellt.

Zur Verschiedenheit der Menschentypen. Der reine Katholik, besonders der Priester, verkörpert im privaten sowie sozialen Leben einen stilisierten Menschentypus. Dies ergibt sich aus einem langen Bildungsprozess. Die Stilisierung bedeutet diesfalls die Angleichung an Umgangsformen, die von außen ins Innere eindringen. Sie werden dem Einzelnen von einer Organisation zum Zweck ihrer Sichtbarmachung vorgeschrieben. In der katholischen Welt sind feststehende Verhaltensformen üblich, die oftmals dem Wesen des Menschen überhaupt nicht entsprechen. Sie werden als solche hingenommen, weil sie die Großartigkeit der Kirche widerspiegeln. Der Katholik legt großen Wert auf die

Stilisierung seiner Person und seiner Handlungen. All dies geschieht zum größeren Ruhme der Kirche. Der von einem dramatischen Ethos angetriebene protestantische Pastor ist frei von allen leeren Formeln. Sein Charakter hat überhaupt mehr Ecken und Kanten, weil er sich tagtäglich verpflichtet fühlt, neue Leistungen zu erbringen. Der Pastor sieht sich als pädagogisches Vorbild, als ein Vollzieher des kategorischen Imperativs gemäß lokaler Notwendigkeit. Dank seines Vorbildcharakters muss von ihm eine religiöse Strenge ausgehen, welche die soziale Pflicht, den Beruf und die Berufung betrifft. Viel weniger als der katholische Priester oder der Pastor verkörpert im Allgemeinen der orthodoxe Priester seinen spirituellen Menschentypus. (Dem Grund dafür werden wir hier nicht näher nachgehen.) Den orthodoxen Typus des spirituellen Lebens treffen wir selten, aber doch, in reinster Form unter den Mönchen an. Diese kennen wir nicht nur aus den Romanen Dostojewskijs, sondern genauso aus den Beschreibungen fremder Reisender auf den Berg Athos, und einigen Mönchen sind auch wir im Laufe der Jahre leibhaftig begegnet. Manche unter ihnen verbrachten ein Jahrzehnt oder mehr in den Höhlen des heiligen Berges, hielten sich dabei sklavisch an Entbehrungen und entspannten sich dann wieder bei Konzentrationsübungen. Diese menschlichen Beispiele, die durch ihre Frömmigkeit an der Reinheit der Gestirne teilhaben, lieber aber durch ihre unbedingte Demut eins mit der Erde wären, haben uns ein unvergessliches Bild hinterlassen, das nicht nur demjenigen eines Mönchs nahekommen könnte, sondern auch dem des orthodoxen Priesters. Ihr oftmals desolates äußeres Aussehen spricht gewiss gegen eine solche Lebensführung; aber diese Mönche haben eine unglaublich innere Ruhe, eine Transparenz des Seelenlebens und ein Licht, das ihre ganze Geschöpflichkeit durchdringt und ihre Umgebung unwiderstehlich erleuchtet. Deren Glaube wurde wirklich zur organischen Substanz. Ihr Glaube strahlt von innen nach außen, nicht kämpferisch, nicht blendend oder in Begleitung militanter Absichten, sondern schlicht und natürlich, umgeben von der Aura eines tiefen, unbewussten Lebens. Die Handlungen eines solchen Menschen entspringen diesem inneren Licht wie von selbst, sie stammen nicht von überschießenden Zielen her, und es gehen ihnen auch keine Reflexionen voraus, die ihnen ein eigenartiges und abgründiges Aussehen verleihen würden. Die im Prinzip unbeabsichtigten Handlungen scheinen dem Innenleben zu entwachsen, und wenn sie einmal voll in Erscheinung treten, fallen sie wie reife Früchte herunter, aber nicht zum Triumph der Kirche, ja nicht einmal, um ein gutes Beispiel abzugeben. Nicht der Mensch als bewusstes Individuum ist der Urheber von Handlungen, sondern die Handlungen vollziehen sich in ihm, indem sie von unbekannten organischen Schichten ausgehen. In diesen seltenen menschlichen Exemplaren ist der orthodoxe Geist keine Lehre, sondern eine Seinsweise, ein organisches Existieren, ein tiefliegendes Sein als solches. Gerät man in den Bannkreis eines solchen Menschen, so wird einem eine spirituelle Atmosphäre vermittelt, die ein fleischlicher Leib geworden ist.

In der katholischen Welt sind die Würdenträger, dank des Geistes, der diese Welt kennzeichnet, Vertreter eines großen Stils. Die protestantische Atmosphäre begünstigt das Erscheinen und die Pflege großer Individualitäten. Die Orthodoxie favorisiert, mehr als der Katholizismus und der Protestantismus, eine geistleibliche Existenz, die als solche tief in sich selbst verankert ist, aber nicht aufgrund ihrer Lehre, die sich dem Bildungsprozess des orthodoxen Menschen im Übrigen nie aufdrängt.

Orgel, Schule, Beschwörung. Im Sinne eines für das Ritual bestimmten Gebäudes ist bei den Katholiken die Kirche ein Raum, wo der Gottesstaat sichtbar werden muss. Es handelt sich um ein rhetorisches, theatralisches und von großen Gesten gekennzeichnetes Ritual. Alles ist auf ein genaues Ziel hin ausgerichtet. Die Gläubigen werden auf Distanz gehalten und nehmen eine stilisierte Haltung ein. Sie sind vom Ritual getrennt, das sich in der heiligen Sprache und im metallisch-mechanischen Klang der Orgel ereignet, die den Gesang des Kirchenvolks souverän übertönt. So gesehen ist die Kirche jenseits des Menschen angesiedelt. In jeder Hinsicht liegt ihre Bestimmung darin, sich über die Gemeinschaft zu erheben. Bei den Protestanten ist die Kirche eine Art Schule für Erwachsene, wo die Menschen zusammenkommen, um zu lernen, Lösungen ihrer Zweifel zu finden und die biblischen Texte immer perfekter zu verstehen. Die orthodoxe Kirche, die sich vor allem als ein Raum des Rituals begreift, will den Gläubigen ein tiefer liegendes Sein mittels einer suggestiven Magie als unterbewusstes Leben in Erinnerung rufen. Die ansteckende Wirkung dieser Magie geschieht auf natürliche Weise in einer Atmosphäre des Vertrauens und des Menschengesangs, der durch den Rhythmus und seine Monotonie mehr einer Beschwörung als einem Singen gleicht.

Unter den christlichen Feiertagen des Jahres ist für die Orthodoxie der bedeutendste jener der Auferstehung. Vonseiten vieler Autoren wurde hervorgehoben, dass das Osterfest nirgendwoanders als bei den Orthodoxen mit derselben inneren Freude und dem dazugehörigen Glanz gefeiert wird. Sollte etwa die Ursache dafür sein, dass zu Ostern der Triumph des Lebens über den Tod gefeiert wird?

Der orthodoxe Geist hat sich aus der Welt des Zeitlichen die Kategorien des „Organischen" ausgewählt. Sie haben das Privileg, sein zweiter geistiger Pol zu sein. Diese Kategorien werden nicht nur einfach bevorzugt, sondern stehen im Range des Transzendenten. Außerdem zeigen sie sich als überragendes Vorbild, nach dem der orthodoxe Geist sich auch andere Phänomene, wie etwa die seelischen, sozial-religiösen oder sogar die kosmischen Erscheinungen vorstellt. Diese Ausrichtung hin zum Organischen bestimmt großteils den eigentlich orthodoxen Lebensstil und dessen Spiritualität. Diese stilistische Rolle, die in der Orthodoxie das Organische spielt, übernehmen im katholischen Leben die „gottesstaatlichen Autoritäten" und ihre dazugehörigen Kategorien. Desgleichen legt der ständige Blick auf die Kategorien der Freiheit oder auf die Einrichtungen, welche diese ermöglichen, im Wesentlichen den protestantischen Lebensstil fest.

Das von oben herabsteigende Transzendente

Gleich anschließend müssen wir jetzt über den anderen Pol der verschiedenen Ausdrucksweisen der christlichen Spiritualität sprechen, genauer gesagt über die christliche Auffassung der „Transzendenz“. Das Transzendente wird nicht überall und zu allen Zeiten in gleicher Weise verstanden, auch wenn seine Formulierungen in dogmatischer Hinsicht kaum voneinander abweichen. Die Unterschiede bestehen daher nicht auf dogmatischer Grundlage, sondern können auch „stilistische“ Ursachen haben. In Wahrheit spielt in der Einstellung des Menschen gegenüber der Transzendenz der Stil, der die Ansichten darüber stark voneinander abweichen lässt, eine auffällige Rolle. Diese stilistische Bestimmung, die sich üblicherweise auf eine gewisse Region oder Epoche beschränkt, ist in vielerlei Hinsicht entscheidender als eine präzis formulierte Metaphysik. Sie ist ein ständig vorhandener Faktor von unvergleichlicher Wirkung. Sie kommt einer lebendigen, jedoch verborgenen Metaphysik gleich, die sich unfreiwillig, aber unvermeidlich in die verschiedensten Gebiete menschlicher Hervorbringungen einmischt.

Unter dem Blickwinkel dieser Bestimmung oder, wenn man so will, dieser latenten Metaphysik, wollen wir uns mit einem Kunstwerk beschäftigen, dem niemand den ihm gebührenden Ruhmestitel absprechen wird und welches zufällig, geographisch und historisch bedingt, keine geringe Bedeutung auch in unserer rumänischen Vergangenheit hatte. Wir versuchen, den verborgenen Sinn der Bauweise der berühmten Hagia Sophia zu ergründen. Zu diesem ohnehin verlockenden Versuch ermutigt uns auch der Umstand, dass uns die bislang gegebenen Interpretationen gänzlich unzureichend oder zumindest schief und gelegentlich auch abwegig erscheinen.

Wir beschränken im Folgenden unsere Betrachtungen auf drei Stilrichtungen der christlichen Architektur: auf die römische Basilika, auf den gotischen und auf den byzantinischen Kirchenbau. Der verborgene Sinn jeder dieser Bauweisen kann gleichermaßen auch metaphysisch verstanden werden. Welches Gefühl für Transzendenz oder welche metaphysische Einstellung führen zu diesen Stilrichtungen, insbesondere in deren monumentaler Ausprägung bei kirchlichen Gebäuden? Dass wir auf der Suche nach dem metaphysischen Sinn architektonischer Formen uns dem Beispiel der Kirchenarchitektur zuwenden, ist nicht weiter verwunderlich. Wie allgemein bekannt, ist diese vom Standpunkt der menschlichen Lebensbedürfnisse aus gesehen, mehr als alle andere Architektur, uneigennützig und unentgeltlich. Sie hat nur wenig mit den praktischen Lebensinteressen zu tun und wächst völlig unabhängig von ihnen auf dem Erdboden der Menschheit empor. Sie hört nur auf Befehle der Kunst, die danach verlangt, dem im Menschen frei aufsteigenden Geist Ausdruck zu verleihen. Die kirchliche Architektur verkörpert beinahe perfekt die Kunst, die Materie auf ihre ausschließlich dem Geist dienenden Möglichkeiten zu konzentrieren. Ein einfaches Haus oder eine Burg, also Bauten je nach Bedarf, stehen in Form und Struktur weitgehend im Dienste des menschlichen Überlebenstriebes. Nun aber gehen wir zu unserer Frage über. Welche verborgene Metaphysik ist in den genannten Stilrichtungen enthalten?

Die römische Basilika ist durch strenge Formen gekennzeichnet. Wichtig sind für sie die längliche und quadratische Form. Auffällig ist auch der schwere und gerade Plafond, der wie eine Platte den Blick verstellt und dem Auge keinen Ausweg nach oben ins Transzendente lässt. Die Aufmerksamkeit des Betrachters wird mit spürbarem Nachdruck nicht nach oben, sondern zum Altar hin gelenkt. Die massiven Säulen, linear angeordnet und fest im Boden verankert, schmucklos und einfach gehalten, sind gleichsam steinerne Wanderer zum Ort hin, an dem der Priester seinen Dienst verrichtet. Die römische Basilika hat demnach von Anfang an ein Zentrum, auf das hin alle Bauelemente gerichtet sind, nämlich auf den Altar selbst, vor dem der Priester seines Amtes waltet.[14]

Diese Art der Architektur verkörpert räumlich die Magie des rituellen Aktes. Die römische Basilika ist nicht direkter Ausdruck von Transzendenz, sondern steht im Dienste einer Transzendenz, die sich nicht offen zeigt, aber im Sinne eines Wunders durch die Kraft der magischen Handlungen, die der Priester vor dem Altar vollführt, mit Absicht heraufbeschworen werden kann. Die römische Basilika berührt die Transzendenz. Sie ist so konstruiert, dass sie in erster Linie die Aufmerksamkeit auf die außergewöhnliche Funktion des Altars und des Priesters lenkt, denen der römische Glaube den höchsten Platz im Leben des Menschen zuweist.[15] Dem Priester wird zwar eine magische Rolle zugestanden, diese ist aber offensichtlich irdisch, denn es geht um eine strenge Organisation, jedoch im Dienste einer abwesenden Transzendenz, deren automatisches Erscheinen, wie ein unfassbares Wunder gerade vom rituellen Willen des Priesters abhängt. Für das metaphysische Empfinden des römischen Menschen steht der Priester in gewissem Sinne an der Stelle des Transzendenten. Genauer gesagt: Der Priester und das Ritual sind für den Römer ein hinreichendes Surrogat der Transzendenz. Das Verlangen nach Transzendenz wird durch diesen Ersatz vollauf befriedigt. Der mit einer maximalen Funktion im kosmischen Haushalt ausgestattete Priester, derjenige, dem die höchste Macht im Universum verliehen wurde, besitzt die Kraft, die Gottheit dazu zu zwingen,

[14] Vgl. Paul Brandt, *Sehen u. Erkennen. Eine Anleitung zu vergleichender Kunstbetrachtung.* Leipzig 1910. (Anm. d. Übers.: i.O. unter dem deutschen Titel angegeben.)

[15] Um jedem Missverständnis vorzubeugen, halten wir fest, dass wir, wenn die Rede von der „römischen" Basilika ist, beispielsweise an die Kirche des *Heiligen Paulus vor den Mauern* in Rom denken (erbaut unter Theodosius und Honorius). Den späteren „romanischen" Stil, der in bestimmten Domen Germaniens zur Hochblüte kam, betrachten wir nicht im selben Maße als „Originalphänomen". Im „romanischen" Stil zeigt sich immer mehr das Streben zum „Hohen" hin; dieses hat aber schon einen „römischen" Ursprung. Der romanische Stil ist eine Ableitung davon. In ihm kündigt sich die Tendenz zum „Hohen" hin an, welche dann ihren stärksten Ausdruck in der gotischen Vertikale findet.

sich in ihrer sakramentalen Substanz zu zeigen. Er stellt das unverrückbare Zentrum dar, um das herum, nach römischer Vorstellung, das irdische Leben zu organisieren ist. Diese latente Metaphysik hat ihren architektonischen Ausdruck in der römischen Basilika gefunden, welche durch ihre Bauweise die unvergleichliche Bedeutung des Altars und des Gottesdienstes unterstreicht. Anzumerken ist noch, dass dieselbe Metaphysik, die nicht so sehr auf die Transzendenz, sondern auf deren irdischen Stellvertreter gerichtet ist, später dann dem Priester im sozialen, politischen und religiösen Bereich allmählich die strenge katholische Organisation übertragen und zum „päpstlichen Cäsarismus" geführt hat. Der Architekturstil der römischen Basilika erscheint ja auch zeitgleich mit dem heiligen Augustinus, jenem Theologen, der die Kirche als Gottesstaat auf Erden ansieht *(De civitate dei)*.

Etwas ganz Anderes bedeutet die latente Metaphysik, die wir in der Architektonik der gotischen Kathedrale antreffen. Mit seinen abstrakten Formen, seiner sublimen Materie, mit den gegen den Himmel schießenden Linien, seiner kahlen Raumgestaltung, mit seiner Begeisterung für das ins Unendliche sich verlierende Vertikale, verkörpert das Gotische vor allem den spirituellen Drang von unten nach oben, eine Umformung des Lebens zur Transzendenz hin, eine dynamische Umgestaltung der Wirklichkeit durch menschliche Anstrengung. Die vertikale Dynamik des Gotischen versinnbildlicht den Menschen, der den Himmel in sich verinnerlicht hat. Das authentischste Phänomen, das dem gotischen Seelenleben entspricht, scheint im Mystizismus des germanischen Mittelalters zu liegen. Der gotische Mensch hat ein Gespür für die Möglichkeit, der Transzendenz von unten nach oben teilhaftig zu werden. Er erlebt sie durch Läuterung des eigenen Ich und durch Entstofflichung. Die germanischen Mystiker trachteten nach innerer Reinheit und versuchten auf diese Weise, bis zur Identifizierung mit der Göttlichkeit zu gelangen. Der gotische Mensch steht nicht nur am Rande der Transzendenz wie der römische Mensch, der sich mit einem Surrogat zufriedengibt, sondern sieht sich in der Lage, direkt an der Transzendenz teilzuhaben, indem er sich innerlich umwandelt oder sich zumindest zum Versuch dieser Umwandlung verpflichtet fühlt, selbst wenn er daran scheitern sollte.[16]

Da uns mit diesem Vergleich zwischen der römischen Basilika und dem gotischen Stil die entsprechenden Begriffe zur Verfügung stehen, kommen wir nun zum eigentlichen Gegenstand unserer Untersuchung. Um den byzantinischen Stil zu verstehen, wollen wir uns dem Beispiel der Hagia Sophia zuwenden. Über die ursprüngliche Strahlkraft dieser Kathedrale können wir uns heute kaum noch ein Bild machen. Die Baumasse der Hagia Sophia ist nicht wie in der Gotik in feine, dynamisch verlaufende Linien zergliedert, hat aber dennoch etwas Luftiges in sich. Die räumliche Verteilung der Bauelemente wird in überwältigender Weise von der Kuppel, der Halbkuppel, dem Gewölbe und den Bögen dominiert. Die geraden Linien, horizontal und vertikal, dienen eher dem Ausgleich von in sich selbst abgerundeten Spannungen, eine Funktion, die weder bei der römischen Basilika noch in der Gotik anzutreffen ist. Vom Gesamteindruck her ruht die Hagia Sophia weder horizontal auf der Erde, noch ist sie vertikal auf den Himmel gerichtet, sie schwebt gleichsam wie eine Welt in sich, die nur von den eigenen Wölbungen begrenzt wird. Der byzantinische Historiker Prokop sprach sehr anschaulich und mit der subtilen Phantasie eines verfeinerten Zeitalters über die Kuppel der Hagia Sophia.[17] Er sagt: „Dieses alles, was auf unbegreifliche Weise in der Luft aneinandergefügt ist und zusammenhängt und sich nur auf die nächsten Bauglieder stützt, schafft eine herrliche Harmonie des Werkes. Nichts hält den Blick des Beschauers lange fest, sondern jedes zieht das Auge fort und lenkt es leicht zu sich hinüber. In schnellem Wechsel ändert sich

[16] Der gotische Stil taucht in monumentaler Form um das Jahr 1150 im Norden Frankreichs auf, von wo aus er sich in Europa wie ein Flächenbrand ausbreitete. Die gotischen „Formen“ gab es aber in kleinerem Ausmaß schon lange, sehr lange vor jenem Datum. „Gotische“ Züge bemerkt man beispielsweise leicht an den runischen Zeichen diverser germanischer Stämme; auf die Runen stoßen wir häufig durch die besondere Hervorhebung der feinen und schlanken Vertikalen und durch die Verwendung spitzer Winkel.

[17] Zum nachfolgenden Zitat Prokops vgl. O. Wulff, *Altchristliche und byzantinische Kunst II,* Athenaion Verlag, Berlin 1914, S. 377

beständig die Schau, sodaß er nirgends zu sagen vermag, was ihn vor allem meisten entzückt." Die Worte Prokops könnte man tatsächlich auf das ganze Kirchenbauwerk beziehen. Die Hagia Sophia hängt im Raum, von oben nach unten, als wäre sie an einen vom Himmel her kommenden, unsichtbaren Draht angebunden. Die Horizontale und Vertikale, welche Boden und Höhe zum Ausdruck bringen, verschwinden in Gewölben und Bögen. Die Horizontale und Vertikale spielen beinahe eine Nebenrolle in der räumlichen Rhythmik des Ganzen, das von Vibrationen und harmonischen Spannungen erfüllt ist. Die Kathedrale erscheint insgesamt als eine Welt für sich, die auf nichts beruht und auf nichts nach oben weist, als eine Welt, die sich schlicht und einfach zeigt und offenbart. In der Tat wird die mehr gefühlte als rational durchdachte Vorstellung, die sich in dieser Bauweise äußert, spürbare Wirklichkeit. Es ist nämlich die Vorstellung, dass das Transzendente herabsteigt, um fassbar zu werden, dass eine Offenbarung von oben nach unten möglich ist und dass die Gnade aus der Höhe herunter körperlich wird. Man vergesse auch nicht, dass die Hagia Sophia in einer Zeit errichtet wurde, als die Christenheit bereits ununterbrochen im Gefühl lebte, dass eine Offenbarung des Transzendenten, dass ein Herabsteigen des heiligen Geistes auf die Erde, gerade erfolgte oder unmittelbar bevorsteht. Die ökumenischen Synoden, diese Sprachrohre der Offenbarung, waren an der Tagesordnung. Es ist davon auszugehen, dass in den ersten Jahrhunderten des Christentums, besonders nachdem es zur Staatsreligion erhoben wurde, die Gläubigen vom Schauder der Überzeugung überwältigt wurden, dass der irdische Raum zum Gefäß werden kann, in welches sich das Transzendente von oben nach unten ergießt. Die Mauern einer Kirche hatten nur den Zweck, innerhalb ihrer einen geoffenbarten Himmel einzuschließen und zu bewahren. Die ersten Jahrhunderte der byzantinischen Kultur waren solche, in denen der Mensch unter dem gewaltigen Eindruck stand, dass die göttliche Gnade jederzeit aus der Höhe herniederkommen kann. Selbst die sozialpolitische Struktur des byzantinischen Imperiums war geprägt von diesem in jener Epoche vorherrschenden metaphysischen Gefühl, das Herabsteigen des Transzendenten und sein Eingriff in die Zeitlichkeit seien möglich. In der byzantinischen Theokratie verkörperte der König gleichsam das Transzendente, das sich dadurch in seinem ganzen Glanz und in seiner Herrlichkeit zeigte. Es ist gewiss schwer, sich in jenes Gefühl der ständig möglichen Offenbarung hineinzuversetzen, doch ohne an es zu erinnern, wird es kaum möglich sein, die Architektur der Hagia Sophia in ihrem ganzen inneren Aufbau zu verstehen. So hat auch ein Historiker der mittelalterlichen Kunst wie etwa M. Hauttmann, als er versuchte, den architektonischen Kernberech der Hagia Sophia zu interpretieren, sein Unvermögen eingestehen müssen, den Gegenstand vollständig zu deuten.[18]

Vielleicht müsste man sagen, dass der europäische Historiker das Verständnis für den byzantinischen Architekturstil im selben Maße verloren hat, wie er sich auch nicht mehr in das Gefühl für das von oben herabsteigende Transzendente hineinzuversetzen vermag, das nicht so sehr durch Anstrengung und menschlichen Willen eine sichtbare Gestalt annimmt, sondern einer von oben herunterströmenden Kraft entstammt. Hier allerdings eine Ähnlichkeit mit dem Barock zu sehen, wäre verfehlt. Eine Nähe zwischen dem byzantinischen und dem barocken Stil ist prinzipiell unmöglich. Denn dem Barocken fehlt gerade die metaphysische Grundlage, über die wir sprechen: Das Gefühl des von oben herabsteigenden Transzendenten. Andererseits verdichtet sich im Barock ein Gefühl, das dem byzantinischen Stil völlig abgeht: das leidenschaftliche und mit lustvoller Begierde angestrebte Märtyrertum im Ausblick auf die Freude und Herrlichkeiten des Himmels, ein Gefühl, das zur Kirche des militanten Fanatismus der Gegenreformation gehört.

Das heruntersteigende und sich materialisierende Transzendente ist ein metaphysischer Gedanke, der, zum Unterschied der Gotik, in der byzantinischen Architektur auch der Funktion des Lichts zugrunde liegt. Betritt man eine byzantinische Kirche, so beeindrucken in der Dunkelheit des geschlossenen Raumes die Lichtstreifen, die aus den in die Kuppel eingeschnittenen Fenstern herunterquellen, Lichtstreifen, die mit dem Schwert zugeschnitten sein könnten. Es scheint ein unirdisches Licht zu sein,

---

[18] Vgl. Max Hauttmann, *Die Kunst des frühen Mittelalters,* Propyläen Verlag, Berlin 1929, S. 33

das von oben herab den Raum erfüllt, ein eindringlicheres Licht als das allgegenwärtige des Tages. Dieses stärkere Licht, das, in dicken Streifen sich überschneidend, geradewegs herunterstrahlt, gehört unbedingt zur byzantinischen Architektur. Ist dies nicht ein symbolisches Beispiel für die Sichtbarmachung des Transzendenten? In den gotischen Kirchen dringt das Licht nur gedämpft und durch die farbigen Glasfenster modifiziert herein, um sich in der Dunkelheit des Raumes zu verbreiten. In der Gotik dringt das Tageslicht unauffällig herein und wird durch ein Medium vergeistigt. Gegenüber diesem farblich vergeistigten Licht führen die wie in einem Gefäß aufgesammelten Strahlen des potenzierten Lichts der byzantinischen Kirche zum Gedanken an das ursprüngliche Licht, das Gott mit seinem ersten Wort verkündet. Wenn wir den orientalischen Mystizismus, den byzantinischen oder denjenigen Kleinasiens, sogar in dessen nichtchristlichen Varianten, mit dem westlichen, dem gotisch-germanischen Mystizismus vergleichen, so stellen wir einen Unterschied fest, der ein interessantes Forschungsgebiet darstellen könnte. Der orientalische Mystizismus ist einer des Lichts. Das höchste Mysterium der Welt ist dasjenige des Lichts. Der westliche Mystizismus ist einer der Finsternis, das Mysterium ist hier stets eines der Undurchdringlichkeit. Der sich von unten nach oben hin vergeistigende gotische Mensch verliert sich in seinen Kathedralen im Gefühl der transzendenten Undurchsichtigkeit; der byzantinische Mensch, der in seinen Kirchen die Offenbarung von oben nach unten hin erwartet, ergeht sich in der Vision eines gesteigerten Lichts.

In einer latenten Metaphysik mischt sich stets auch das Gefühl für ein mögliches Verhältnis zwischen der Transzendenz und der konkreten Welt ein. Von diesem Verhältnis machen sich der byzantinische, der römische und der gotische Mensch jeweils ihr eigenes Bild. Der byzantinische Mensch meint zu diesem Verhältnis, dass die Transzendenz von oben nach unten herabsteigt und sich dabei sichtbar machen kann. Der gotische Mensch glaubt, dass er es selbst ist, der sich von unten nach oben erhebt und dabei ins Transzendente hineinwächst. Der römische Mensch wird eher vom Gefühl beherrscht, sich am Rande der Transzendenz zu befinden, sodass ihm nichts anderes mehr bleibt, als sich im Dienste der Transzendenz zu organisieren, gleichsam horizontal und parallel zu ihr. Die byzantinischen Kathedralen, die römischen Basiliken und die gotischen Dome verkörpern in ihrer Architektur diese je nach Zeit und Ort verschiedenen metaphysischen Einstellungen.

Bevor wir die Vorstellung vom „herabsteigenden Transzendenten“ weiter entwickeln, halten wir fest, dass diese drei untersuchten Stilrichtungen sich nicht genau mit den drei christlichen Auslegungen des Geistigen decken. Gewiss entspricht der byzantinische Stil am meisten der orthodoxen Spiritualität. Das Römische im Katholizismus findet zwar seinen getreuesten Ausdruck in der römischen Basilika, aber die katholische Spiritualität spielte auch bei der Monumentalisierung des „romanischen“, des „gotischen“ und des „barocken“ Stils eine überragende Rolle. Der auf dem Gebiet der Architektur nicht besonders kreative Protestantismus besitzt trotzdem gewisse (zu betonen ist „gewisse“) strukturelle Ähnlichkeiten mit der Gotik, die allerdings schon lange vorher existierte.

Die sophianische Perspektive

Die bisherigen Betrachtungen ermöglichen, die wichtigsten stilistischen Merkmale der Orthodoxie näher zu beleuchten. Als besten Ausdruck dieser Merkmale wählen wir den von ihnen abgeleiteten Begriff der „Sophia“ aus. In der antiken Welt bedeutete „Sophia“ bekanntlich „Weisheit“. Mit Großbuchstaben geschrieben kann sie auch „göttliche Weisheit“ heißen. Unter dieser Bedeutung ist der Begriff besonders in der christlichen Welt in Umlauf. „Sophia“ ist ja auch eine Bezeichnung, welche die orthodoxen Völker zahllosen Kirchen nach dem Vorbild der Hagia Sophia in Konstantinopel gegeben haben. Die „sophianische“ Ausrichtung der Orthodoxie zeigt sich in erster Linie konkret in der Architektur der Hagia Sophia. Von hier aus lässt sich das „Sophianische“ auch mit anderen Beispielen belegen. Vom konkreten Fall der Hagia Sophia gehen wir dann zu einem sehr abstrakten Beispiel über, welches zur Metaphysik gehört. Es ist aber um nichts weniger aufschlussreich als die Architektur der Hagia Sophia.

Einer der interessantesten zeitgenössischen Denker der Orthodoxie, nämlich Florenski, der zugleich auch Ingenieur, Mathematiker, Dichter und Theologe war, hat aus jetzt nicht näher zur Diskussion stehenden Gründen die Vermutung geäußert, dass es ein Sein zwischen Gott und der Welt gäbe. Diese Hypothese trägt Einiges zur Entwirrung der traditionellen christlichen Spekulation bei. Nach Florenski ist das Sein nicht dualistisch aufgebaut, auf der einen Seite „Gott“ und auf der anderen Seite die „Welt“, sondern ist trialistisch zu verstehen. Zwischen Gott und der Welt würde sich eine mittlere Schicht mit gemischten Eigenschaften einschieben, die weder über den ätherischen Vorzug der Ewigkeit verfügen, aber auch nicht den fleischlichen Charakter des Zeitlichen an sich tragen. Florenski nennt diese eingegrenzte Wirklichkeit: Heilige Sophia. Als Denker mit festen orthodoxen Überzeugungen, beruht bei Florenski die ganze metaphysische Lehre vom Sein und der Wahrheit auf der geoffenbarten Vorstellung der „Trinität". Von dieser dogmatischen Tradition weicht Florenski keinen Augenblick ab. Er fühlt aber die spekulative Notwendigkeit einer Brücke, eines Übergangs, einer Spur der Vereinigung des trinitarischen Gottes und der Welt als Totalität der Geschöpfe. Diese Spur der Vereinigung heißt Sophia, und sie würde sogar schon eine Rolle bei der Technik der Welterschaffung spielen. Welche Bedeutung hat dann die „Heilige Sophia" und wie kann man sie definieren? In gewisser Hinsicht erscheint sie wie eine vierte Hypostase der göttlichen Substanz, freilich nicht auf einer Stufe mit der Trinität, sondern von niedrigerem Rang.[19]

Sehen wir uns einige Aspekte der Sophia bei Florenski an. 1.Die Sophia ist die Liebe, die Gott der noch möglichen Kreatur entgegenbringt, die er zwar den geplanten, aber noch nicht wirklichen Geschöpfen gegenüber erweist. Sie ist die zur Hypostase gewordene göttliche Liebe. Durch sie gelangen die möglichen Kreaturen zur vollen Entfaltung ihres Seins. 2.Von der Seite der Geschöpfe her gesehen, ist sie deren Einheit und Rangordnung, sie ist die göttliche Weisheit, die sich in der Welt zeigt. 3.Die Sophia lässt sich auch als erste Kreatur verstehen, die alle Kreaturen noch vor ihrer Aufteilung enthält. Sie ist der noch nicht verzweigte Stamm der geschöpflichen Welt.

Der leicht missverständliche und zu Fehldeutungen verleitende Charakter dieser Spekulationen versetzt uns scheinbar aus der naturalistisch denkenden Moderne plötzlich in die Zeit des Neuplatonismus oder der Gnosis mit ihrer blühenden Phantasie. Weder weisen wir derlei Sichtweisen scharf zurück, noch wollen wir ihr Sympathie entgegenbringen. Es geht nur um die Feststellung, dass eine weit entfernte Familienähnlichkeit mit ihnen besteht. Wir wissen, dass Florenski sich hartnäckig dagegen verwahrte, er betreibe einen Gnostizismus, obwohl dies aus philosophischer Sicht gar nicht abwegig wäre. Aber Diskussionen darüber

[19] Auch die Kirchenväter waren mit der „Sophia" als göttlichem Attribut befasst. Nach Dionysius Areopagita kann sie kein Attribut der Göttlichkeit sein, da diese über allen Eigenschaften steht. Unter neuplatonischem Einfluss wird die Sophia zwischen Gott und Welt angesiedelt, ist aber keine „Hypostase".

sind nutzlos und sollten nicht weitergeführt werden. Ähnlichkeiten und Unterschiede sind hinreichend gesichert. Die gnostischen Systeme stellen sich eine wahre Kaskade von Existenzen vor, die zwischen der göttlichen Macht und der zeitlichen Welt zu liegen kommen. Einige der Gnostiker nennen diese Zwischenexistenzen „Äonen", und bei einigen dieser Denker wird im Aufbau ihrer Visionen sogar ein Äon als „Sophia" bezeichnet. Dies ist zwar zur Kenntnis zu nehmen, stellt aber noch keinen ausreichenden Grund dafür dar, Florenski einfach als einen Gnostiker zu betrachten, und zwar umso weniger, als er all jene allegorischen Phantastereien, denen die mediterrane Einbildungskraft bis zur Selbstzerstörung erlag, von sich fernhalten wollte. Der Gnostizismus zeichnet sich durch eine orgiastische Phantasie aus, welche sich die Beziehungen kosmischer Mächte wie etwas Männliches und Weibliches vorstellte. Die Welt stellt eine erotische Orgie dualer Abstraktionen oder gepaarter Kräfte dar. Indem sich Florenski davon distanziert, verteidigt er sich vollkommen zu Recht. Sein Konzept, rein wie der Glanz eines Heiligenscheins, ist weit von jedem gnostischen Pansexualismus entfernt. Und wenn sich Florenski gegen eine zu große Nähe zum Gnostizismus wehrt, hat er auch aus anderen Gründen Recht. Seiner Ansicht nach ist die Sophia keine Emanation aus dem Urgrund oder aus der Substanz einer ersten Existenz wie im Falle der gnostischen Äonen. Die Sophia wird von Florenski einerseits als Quasihypostase der Göttlichkeit, andererseits als erste Kreatur aufgefasst. Anders gesagt, tauchen wir mit diesen Bestimmungen und Festlegungen in eine gänzlich orthodoxe Atmosphäre ein. Es ist jetzt nicht der Ort, über die philosophische oder theologische Berechtigung der gedanklichen Konstruktionen bei Florenski zu diskutieren. In der vorliegenden Untersuchung betreiben wir auch keinerlei Art von Metaphysik. Eine diesbezügliche Grundsatzdebatte wäre ausschließlich von theologischem oder synodalem Interesse. Wenn wir uns dennoch einen Augenblick bei der Interpretation der Sophia aufhalten, hat das nur den Grund, dass es sich dabei um eine sehr interessante Erscheinung der orthodoxen Spiritualität handelt. Das Bild von der Sophia erinnert uns daran, dass es sich hier um ein symptomatisches Phänomen, um die Facette einer religiösen und metaphysischen Kultur dreht. Die Themen, die wir in dieser Untersuchung behandeln, übersteigen nicht den Bereich einer „Kulturphilosophie“. Eine solche wurde oftmals im Katholizismus und Protestantismus mit einigem Erfolg betrieben, aber fast gar nicht in der Welt der orthodoxen Spiritualität. In dieser Hinsicht scheint die Lage geradezu entmutigend zu sein. Daher ist es umso erfreulicher, dass sich nun die Gelegenheit bietet, eine orthodoxe Kulturphilosophie zu skizzieren.

So kehren wir also zur Metaphysik der heiligen Sophia zurück. Florenski ist nicht der einzige Bewunderer der Sophia. Mit deren Vorstellung haben sich auch andere russische Philosophen der Gegenwart beschäftigt. Die Sophia scheint sogar Hauptthema der orthodoxen Spekulationen zu werden. Bei Bulgakow nimmt die „Sophia“ vieldeutige und unsichere Wesenszüge eines christlichen Demiurgen an, sie wird zu einem Weltgeist, der die Welt der Erscheinungen nach dem Modell „geschaffener“ oder „vorgestellter“ Ideen der trinitarischen Gottheit gestaltet. Mit anderen Worten wäre die Sophia eine Art „natura naturans“. Auch Bulgakow hebt die zwischenweltliche Position der Sophia, ihre Lage zwischen der absoluten Existenz und der kreatürlichen Welt, von verschiedenen Gesichtspunkten aus mit der Leidenschaft für systematisches Denken hervor. Er unterstreicht, dass die Sophia nicht als ewig angesehen werden darf, sonst wäre sie von gleichem Wert wie die Hypostasen der Trinität, was sich auf keinerlei Weise und mit keinem theologischen Argument rechtfertigen ließe. Dennoch muss aber die Sophia in bestimmter Hinsicht als überzeitlich angesehen werden, weil sie der unmittelbare Grund für die Zeitlichkeit ist. Sie ist auch nicht räumlich ausgedehnt, aber der Grund für die Räumlichkeit. Gemäß ihrem Wesen und ihrer Dynamik nimmt sie nicht am Leben der Trinität teil, sondern hat einen rezeptiven Charakter gegenüber der Gottheit, sie ist im Verhältnis zu ihr das „ewig Weibliche“. Eingeschlossen in diese Grenzen hat die Sophia zwei Gesichter. Eines ist der Gottheit zugewandt: sie ist deren in Raum und Zeit ausgedehntes Abbild. Ihr zweites Gesicht ist zur Welt gerichtet: Sie ist der unräumliche Grund des Raumes. Ihr Platz stimmt perfekt mit jenem berühmten „topos atopos“ der platonischen Philosophie überein, mit jenem überhimmlischen Ort, an dem sich die „Ideen“ befinden. Gelegentlich hat bei Bulgakow die „Sophia“ dieselbe räumliche Bestimmung, die er auch den platonischen Ideen zukommen lässt. Leider sind all diese russischen Spekulationen nicht sehr präzis. Sie sind zwar aufwühlend, aber ohne Kontur. Wir befinden uns gleichsam in einem himmlischen Sturm. Wenn man diesen Nebel näher durchleuchtet, so stellt man fest, dass das Sophianische nicht als eine einzige oder abtrennbare Seinsebene zu verstehen ist, sondern einen ganzen Seinszusammenhang darstellt. Florenski rückt dabei die Sophia am stärksten in die Nähe der Göttlichkeit. Nach ihm ist die Sophia die vierte Hypostase, der Gottheit gegenüber allerdings zweitrangig. Bei den anderen russischen Denkern wird die Sophia der Reihe nach: 1. Eine unzeitliche, aber nicht ewige Existenz. 2. Die Welt der platonischen Ideen. 3. Die Einheit der Zweckgerichtetheit der Geschöpfe. 4. Der Demiurg, der die Gedanken Gottes verwirklicht. 5. Die Ordnung und kosmische Weisheit, die Einheit in der Verschiedenheit etc. Diese in der Luft hängenden Bestimmungen sind freilich nicht zufriedenstellend. Die Existenz der Sophia wird de facto ihrer Substanz und ihrer genau definierten Funktion beraubt, sie wird zu einer vagen Kollektivbezeichnung, zu einem ziemlich dehnbaren kosmographischen Ausdruck für eine ganze Gruppe von Existenzen, die ohne feste Beziehungen sind und irgendwo zwischen Himmel und Erde, zwischen dem Absoluten und Zeitlichen zu liegen kommen. Die russischen Denker empfehlen sich manchmal als Visionäre von enormer Spannweite. Durch gedanklich klare Transparenz haben sie sich aber fast nie ausgezeichnet. Die Kontur ihrer Ideen ist oftmals verschwommen und von geheimnisvoller Leidenschaft unterwaschen.

In erster Linie wollen wir nun diejenigen Schlüsse ziehen, die sich aus den russischen Spekulationen rundum die Sophia ergeben und die Perspektive beschreiben, die sich daraus für das philosophische und theologische Denken ganz allgemein eröffnet. Indem die russischen Denker, wie wir gesagt haben, die Sophia als eine Zwischenwelt betrachten, als ein Sein, das zwischen Gott und Welt liegt, fügen sie dem christlichen Gesetz gewisse gnostische und neuplatonische Prinzipien hinzu. Durch diese Anreicherung, die man auch als machtvolle Initiative ansehen kann, wird nicht nur die russische Orthodoxie, sondern auch die christliche Philosophie auf neue Ideen gebracht. In welcher Hinsicht?

Die sophianischen Spekulationen bieten sowohl der orthodoxen Theologie und Philosophie als auch der laizistischen Philosophie selbst eine Zone der Begegnung, einen neutralen Ort an, wo eine Menge von Themen und Problemen nach rein philosophischen Kriterien und ohne jeden starren Dogmatismus angegangen werden kann. Damit wurde ein Gemeinschaftsraum geschaffen oder wiederentdeckt, dank dessen die Orthodoxie mit der laizistischen westlichen Philosophie auf Augenhöhe und ungezwungen ins Gespräch kommen kann. Durch die auf die Sophia begrenzten Diskussionen kann die Orthodoxie einerseits mit Genugtuung sagen, sie verstoße nicht gegen die trinitarische Dogmatik, andererseits aber auch behaupten, sie habe durch das dazugewonnene Neuland die Freiheit, an sehr weltlich ausgerichteten Debatten teilzunehmen. Auf diese Weise hat das orthodoxe Denken den Vorteil, sich eine Reihe westlicher Philosophien einverleiben zu können, ohne den Boden der traditionellen Dogmatik zu verlassen. Dazu ein Beispiel. In einem der Bücher Berdjajews entdeckten wir einmal die folgende exegetische und spekulative Überlegung zur biblischen Genesis. Nach dieser nur nebenbei geäußerten Auffassung wäre der Schöpfungsmythos keine Darstellung der natürlichen Weltentstehung. Im biblischen Mythos wäre viel eher die Rede von einer göttlich geplanten Genese der Geschöpfe, von einer möglichen Genese vor der Entstehung der Welt. Nach dieser in theologischer Hinsicht sehr geschickten Interpretation hätten der biblische Mythos und die Naturphilosophie unserer Tage keinen gemeinsamen Gegenstand. Die biblische Erzählung und die Evolutionstheorie könnten daher nebeneinander bestehen. Sie stehen in keinem Konkurrenzverhältnis zueinander, haben nichts zu teilen, weil sie sich auf total verschiedene Wirklichkeiten beziehen. Man beachte, welches Paradies der Theorie sich mit einem Schlag auftut: Der Tiger der Evolutionstheorie steht gezähmt neben dem Lamm der Genesis! Als Auslegung der Bibel hat ein solches Verständnis gewiss etwas sehr Gekünsteltes an sich, das Verständnis ist ein Missverständnis, spekulativ gesehen wirkt es aber nicht abstoßend. Auf jeden Fall ist zuzugeben, dass eine solche Sichtweise zu einem doppelten Schlag ausholt: Es wird versucht, sowohl den alten biblischen Mythos zu bewahren, als auch den wissenschaftlichen Theorien anzuhängen, wobei diese sich allerdings nach wesensfremden Kriterien ausrichten, die ihnen von einer Gesamtschau des Seins aufgenötigt werden. Indem das orthodoxe Denken das Sein um das sophianische Gebiet erweitert, gewinnt sie an Terrain, ohne von einem synodalen Veto bedroht zu werden. Zugleich mit dieser Erweiterung der Denkmöglichkeiten ist es der orthodoxen Philosophie möglich, Begriffe der Naturphilosophie zu übernehmen, ohne dogmatische Zugeständnisse im eigentlichen Sinn zu machen. Der sophianische Blickwinkel eröffnet damit der Orthodoxie ein Forschungsgebiet, über dessen Inhalt man gewiss streiten kann, das es aber unzweifelhaft gibt. Derlei Ausblicke sind dem katholischen Denken völlig fremd. Unserer Ansicht nach sind sie jedoch ganz typisch für die Orthodoxie. Wir werden noch sehen, wie sich die Sophia nur in der spirituellen Atmosphäre der Orthodoxie profilieren konnte. Indem die katholische Philosophie mit der bis zu einem gewissen Grad in abstrakte Diskussionen hineinreichende Sophia nichts anzufangen weiß, ist sie gegenüber der laizistischen Philosophie gewöhnlich in ziemlicher Verlegenheit und oftmals in verzweifelter Defensive. Um aber nicht zurückzubleiben, ist die katholische Philosophie gezwungen, für ihre Dogmatik immer peinlicheren und gefährlicheren Konzessionen zuzustimmen. Es ist noch nicht lange her, dass unserem Zeitalter ein eigenartiges Schauspiel vorgeführt wurde: Ein naturwissenschaftlich denkender Jesuit[20] versuchte, in den Katholizismus die Evolutionstheorie zu integrieren! Dieses Unternehmen konnte aber nur durch eine beeindruckende Preisgabe gelingen; es wurde auf den biblischen Mythos mit einer Entschuldigung verzichtet, die einer Niederlage gleichkam: Die inspirierten Verfasser der Bibel, die sich an ein primitives Volk wendeten und von allen verstanden werden wollten, hätten die Genesis nur mit geläufigen Begriffen beschreiben können. Da war aber die russische Orthodoxie schneller und klüger. Sie ließ die Aufnahme naturalistischer Theorien zu, ohne auf den Schmuck des biblischen Mythos zu verzichten. Berdjajew glaubt sogar, dass der biblische Mythos eine der naturalistischen Wahrheit übergeordnete und vorhergehende metaphysische Wahrheit

[20] Obwohl von Blaga nicht namentlich genannt, kann es sich wohl nur um Teilhard de Chardin handeln.

zum Ausdruck bringt. Die Auffindung eines solchen modus vivendi zwischen zwei Weltanschauungen, die sich am liebsten gegenseitig vernichten würden, verdankt sich ausschließlich dem Umstand, dass das zeitgenössische russische Denken zwischen Gott und der Welt eine Ebene sophianischen Seins einschiebt, das von unräumlicher Räumlichkeit ist und die Welt der Ideen als erste Schöpfung Gottes darstellt. Dieser Unterschied zwischen dem katholischen und dem zeitgenössischen orthodoxen Denken hat den Wert einer substantiellen Offenbarung. Der Unterschied ist zutiefst bezeichnend und keineswegs zufällig. Auf dieselbe Art bricht auch ein Unterschied der geistigen Stilrichtungen durch. Unsererseits blicken wir aufmerksam auf diesen Unterschied, und zwar mit allem gebührenden Nachdruck, weil er erstens bis jetzt nirgendwo klargelegt wurde, und zweitens, weil er die Wesensunterschiede zwischen dem Katholizismus und der Orthodoxie aufdeckt. Noch einmal: Wir eröffnen hier keine Grundsatzdebatte. Unsere Untersuchung hält sich in Grenzen und wendet sich nicht der Lehre von der Sophia als solche zu, noch auch ergreifen wir Partei für sie oder gegen sie. Mit Absicht enthalten wir uns jeder Diskussion über ihren eigentlichen Inhalt. Die Lehre der Sophia betrachten wir nur als eine metaphysische Theorie, die auf intellektueller Ebene einen bestimmten geistigen Stil illustriert, und wir betrachten sie auch nur als eine Erscheinung, als Phänomen im Rahmen der orthodoxen Kultur. Die russische Vorstellung von der Sophia ist unserer Auffassung nach in Wahrheit ein besonders charakteristisches Zeichen für ein spezifisch orthodoxes geistiges Potential, nicht weniger auffällig als der Bau der Kathedrale der heiligen Sophia in der Stadt Konstantins und Justinians. Die Vorstellung der Sophia dient uns, etwa im selben Sinn wie die Architektur der Hagia Sophia, als Ausgangspunkt für stilistische Analysen. Sie ist möglicher Bestandteil einer umfassenden kulturellen Synthese. Diese zwei Beispiele, das eine aus der Kunst, das andere aus der Metaphysik, stellen jedes für sich auch den passenden Ausdruck für die, wie wir glauben, aus der Tiefe der Orthodoxie von uns heraufgeholte Benennung der wichtigsten stilistischen Determinanten zur Verfügung. In der stilistischen Matrix der Orthodoxie, nämlich im ganzen Komplex ihres unbewussten Potentials, finden wir eine Bestimmung, ohne welche die Orthodoxie nicht dasjenige wäre, was sie ist: das „Sophianische".

Wir haben uns in einem Kapitel über die byzantinische Architektur besonders der Hagia Sophia zugewendet. Wir zeigen darin, dass diese Kathedrale in ihrer architektonischen Gliederung und ihren Formen konkreter Ausdruck des metaphysischen Gefühls einer Transzendenz ist, die herabsteigt und sich sichtbar macht. Dieser Stil unterscheidet sich von der gotischen Architektur, in welcher viel mehr die Erhebung des Menschen zur Transzendenz Gestalt annimmt, und steht auch in Differenz zur Architektur der römischen Basilika, die zwar ein paralleles Leben darstellt, aber eines, das zur Gänze außerhalb der Transzendenz verläuft. Das „Sophianische" ist im Grunde das verschwimmende, aber für den orthodoxen Menschen grundlegende Gefühl, dass das Transzendente herabsteigt, indem es sich aus eigener Initiative offenbart und der Mensch sowie der Raum der zeitlichen Welt zum Gefäß dieser Transzendenz werden. Von hier ausgehend nennen wir jede spirituelle Schöpfung, sei sie künstlerischer oder philosophischer Natur, die einem solchen Gefühl Ausdruck verleiht oder jedes von einem solchen Gefühl geleitetes ethisches Engagement „sophianisch".

Die Sophia ist die Ordnung und göttliche Weisheit, die ins Zeitliche herabsteigt, indem sie sich bemerkbar macht und sich der Materie aufprägt. Das Sophianische ist ein bestimmtes Gefühl des Menschen im Verhältnis zur Transzendenz, das ganz spezifische Gefühl, dank dessen der Mensch sich als das Gefäß einer herabsteigenden Transzendenz vorkommt. Unter diesem Blickwinkel sollten wir die russische Ansicht über die Sophia untersuchen.

In einem weiten Sinn lässt sich also das Sophianische als die Bewegung der Transzendenz von oben nach unten verstehen. Nach der russischen Konzeption der Sophia bekommt die Bewegung von oben nach unten ihr substantielles Aussehen. Auf metaphysischer Ebene erlangt der Akt, auf den wir uns beziehen, ein konkretes Aussehen. Es scheint die Transzendenz, indem sie herabsteigt, auf ihrem Weg Spuren und stark leuchtende Brennpunkte zu hinterlassen, als ob sie in der Absicht, ihre Macht zu offenbaren, sukzessiv dabei vorginge, in Phasen, die zu eigenständigen schöpferischen Stationen werden. Ein göttlicher Ausfluss ergießt sich über die Ideen und der Demiurg beginnt zu gestalten. Die russische Auffassung der Sophia ist kein integraler Bestandteil der orthodoxen Metaphysik. Sie hat sich an deren Rand niedergelassen und treibt seitlich hervorsprießende Blüten. Die Theologen haben sich aber dadurch nicht allzusehr aus der Ruhe bringen lassen.[21]

Dennoch entspricht diese Auffassung, als prägnante Wiedergabe des Gefühls, das wir als wesentlich für den orthodoxen Glauben entdeckt haben, jenem ursprünglich sophianischen Empfinden für die Transzendenz, die sich ins Gefäß der Welt ergießt. Das Sophianische gehört aber trotzdem nicht ausschließlich zur Orthodoxie. Es hat auch Spuren im alexandrinischen Gnostizismus und im heidnischen Neuplatonismus hinterlassen.

Im Allgemeinen ist die byzantinische Kunst, neben der Architektur insbesondere die Malerei, „sophianisch" ausgerichtet. Wie ist diese Behauptung insgesamt zu verstehen? In der byzantinischen Kunst sind die gemalten Gestalten gänzlich stilisiert, sie sind stets gleichmäßig aufgebaut und in eine Atmosphäre von großartiger Einfachheit und Monotonie eingetaucht. Sie haben weder eine eigene Individualität, noch sind sie nach dem Vorbild platonischer Ideen retuschiert und geschönt. Es lastet eine Transzendenz auf ihnen; ein Reflex der Ewigkeit leuchtet auf sie herunter. Obwohl sie irdische Gestalten sind, hat der Himmel sie durchtränkt. Aus dem Jenseits der Welt dringt eine strenge Stille in sie ein. Die Geschöpfe scheinen von einer unsichtbaren göttlichen Gnade berührt zu werden, und dies nicht durch äußerliche Zeichen aus ihrer Umgebung, sondern durch die Art, wie sie sich selbst darstellen. Die Gestalten sind weder von naturalistischer Individualität, noch von platonischer Idealität, sondern sophianisch verwandelt. Es ist, als ob sie Formen einer sich in sie ergießenden Transzendenz wären. Die sophianisch stilisierten Figuren sind Ausdruck einer von höchster Sättigung stammenden Ruhe, sie sind befreit von jeglicher Anstrengung, ihnen ist alles willentliche Handeln fremd; sie empfangen die Gnade gleich-

[21] Bei uns hat nur Nichifor Crainic in einem Essay, das in *Gândirea* erschienen ist, darauf hingewiesen.

sam von oben und sind nur aufnehmende, statische Gefäße für Befriedung, Ordnung und Weisheit, die von der Höhe her kommen. Bekanntlich fehlt das „Sophianische“ in der Gotik. Es wird ersetzt durch Anstrengung, Leistung, Wille und Mühe des Menschen, sich selbst zur Transzendenz hin zu erheben. Das Gotische ist voller Dynamik, durchdrungen von der Qual der Überhöhung und manchmal sogar von der schrecklichen Verzweiflung angesichts der Unerreichbarkeit des Himmels. Die Gestalten wirken wie von einem jenseitigen Traum verklärt, gleichzeitig aber verkrampft sie der Wille, den Himmel zu erobern und das tragische Leiden, von ihm getrennt zu sein. In der Gotik fehlt die sophianische Sicherheit, unter deren Herrschaft sich der Mensch als ein Gefäß der Transzendenz fühlt, die bloß aus eigener Initiative herabsteigt, um es zu füllen und sich in ihm auszubreiten.

Auch anhand anderer Beispiele lässt sich das Sophianische nachweisen. Nach der historischen Kirchenspaltung stehen die dogmatischen Prioritäten der Orthodoxie und des Katholizismus unter ganz verschiedenen Vorzeichen. Jene der Orthodoxie zeigen sich mehr sophianisch, während die katholischen Akzente gänzlich zur heiligen Staatlichkeit neigen. Wir erinnern daran, dass zu den Schwerpunkten des orthodoxen Glaubens, noch diesseits des ökumenischen Lebens, in erster Linie der Blick ins Licht des Berges Tabor gehört. Diese Visionen rührten von den spirituellen Erfahrungen der orthodoxen Asketen auf dem Berg Athos her. Es ist bekannt, dass diese Asketen, die unter extrem strengen Auflagen standen, dank ihres langen Lebens in Zurückgezogenheit, durch Meditation und geistige Sammlung, die Erfahrung des „taborischen Lichts“ machten. In Momenten der Ekstase fühlten sie sich innerlich von einem übernatürlichen Licht durchdrungen, das gänzlich unerklärlich war und in der irdischen Welt nicht seinesgleichen hatte. Die heiligen Mönche vom Berge Athos nährten selbst den Glauben, dass das Licht, dessen sie teilhaftig werden und das einige sehen, andere wiederum nicht, dasselbe ist, das auch den Erlöser auf dem Berg Tabor umgab. Dieses zugleich auratische und erhellende Licht stieß gelegentlich auch auf das Interesse der östlichen Philosophen. Es tauchte das dogmatische Problem auf, ob dieses Licht ein Ausfluss der göttlichen Trinität selbst ist, oder ob es nur eine göttliche Macht bezeugt. Wie sich leicht erraten lässt, ist das Problem eindeutig ein sophianisches. Es gehört zum Bereich der Vorstellungen von der Transzendenz, die gnadenhalber von der Höhe her sichtbar wird. Die Spekulationen der zeitgenössischen russischen Philosophen über die Hypostase der Heiligen Sophia sind in mancher Hinsicht verwandt mit der Frage der Mönche von Athos, was es mit dem Licht auf dem Berg Tabor auf sich habe. Mit anderen Worten besitzen die typischen Überlegungen im Herzen der Orthodoxie, noch diesseits der Ökumene, ein sophianisches Aussehen. Gänzlich Anderes erscheint auf katholischem Gebiet. Die spekulative Spontaneität des Katholizismus zeigt sich beispielhaft am Dogma der Unfehlbarkeit des Papstes. Ist hier wirklich von einem rein religiösen Prinzip die Rede? Offensichtlich nicht. Der heimliche Sinn dieses Dogmas lässt sich durch Euphemismen weder verbergen noch abschwächen. Man verfolgte mit diesem Dogma, sowie auch mit anderen, glänzend koordinierten Mitteln, die Stärkung der Kirche als Staat oder Überstaat von heiliger Autorität. Der Glaube besteht hier eher in der Genialität im Dienste der Macht als in demjenigen des Lichts. Die Katholiken formulierten schon vorher auch das Dogma von der unbefleckten Empfängnis Mariens. Das Ziel war dabei, den katholischen Kult der Jungfräulichkeit zu stärken, und zwar als Gegengewicht und zweites Standbein von höchstem Ansehen gegenüber dem „Gottesstaat". Die organisatorische Funktion dieser zusätzlichen katholischen Dogmen ist mehr als durchsichtig. Sie entstanden aus dem nachhaltigen Bestreben, einen irdischen Ersatz für die Transzendenz zu schaffen: den „Gottesstaat". Sie haben nichts Sophianisches an sich, weder von ihrem äußeren Profil noch von ihrem inneren Substrat her. Eine Parallele zum evangelischen bzw. protestantischen Denken mag uns gleichfalls eine Lehre sein. Von unserem strikt stilistischen Standpunkt her wollen wir die Aufmerksamkeit auf den fundamentalen Unterschied zwischen der aktuellen orthodoxen Denkweise und der evangelischen Theologie einiger berühmter, ebenfalls zeitgenössischer deutschen Philosophen lenken. Das tiefsinnigste Produkt, zugleich aber auch die merkwürdigste Blüte der evangelischen Theologie der letzten Jahrzehnte ist die sogenannte „dialektische Theologie". Sie hebt den tragischen Zwiespalt zwischen dem Menschen und der Transzendenz hervor, die grundlegende Trennung zwischen der Welt und Gott, den unüberwindlichen Abgrund zwischen diesen Begriffen. Das Leiden unter der Trennung von Gott, die menschliche Qual, sich am Erreichen der Transzendenz abzuarbeiten, sind Gefühle, die wir, verschiedentlich ausgedrückt und ständig vorhanden, in der gotischen Spiritualität bereits entdeckten. Dieselben starken Gefühle werden in der dialektischen Theologie bis zum Exzess gesteigert: bis zum Gedanken an den furchterregenden Abgrund, der sich zwischen Mensch und Gott auftut. Der zeitgenössischen russisch-orthodoxen Philosophie war, soweit wir wissen, die deutsche dialektische Theologie völlig unbekannt. Es ist daher merkwürdig genug, dass sie sich, unbewusst zwar, trotzdem in direkter Opposition zur dialektischen Theologie befindet. Während die deutsche Dialektik über dem Abgrund zwischen Gott und Welt hängt, rettet sich die russische Philosophie vor einem möglichen Absturz in diesen Abgrund durch die beruhigende dazwischengeschobene Existenz der Sophia. Zum Unterschied des deutschen Denkens kultivieren die russischen Philosophen das Bild der „Brücke". Dem orthodoxen Geist tief entsprechend, ist diese Brücke sophianisch, weil sie von der Transzendenz selbst über diesen Graben geschlagen wird. Die Brücke ist sophianisch, weil sie sich von oben herniedersenkt. Das visionäre Spektakel einer sich heruntersenkenden Brücke ermöglicht es dem Menschen, sich mit dem Licht der Sonne einzukleiden und gleichzeitig von einer göttlichen Ruhe und einem festen Glauben an die Erlösung verklärt zu werden. Der Mensch wird nicht von Gott, der kein Interesse an der Welt hat, allein gelassen – manchmal erscheinen ja die gotischen Türme wie menschliche Arme, als ob sie sich nach Gott ausstreckten, ohne ihn zu erreichen – sondern steht einem ihn beschützenden Gott gegenüber, und die Welt ist ein empfangendes und aufnehmendes Gefäß. Sogar dann, wenn der orthodoxe Mensch von schweren Schicksalsschlägen getroffen wird und an der göttlichen Fürsorge zu zweifeln scheint, so zweifelt er doch nicht daran, dass es Gott in der Welt gibt. Die Abwesenheit Gottes verdankt sich eher anderen Umständen, als seinem Rückzug aus der Welt. Das rumänische Volk hat dieses Gefühl so zum Ausdruck gebracht:

> Gott, ihn ruf ich aus der Tiefe!
> Ist es doch, als ob er schliefe;
> Auf's Kloster tief das Haupt gebeugt,
> Weiß er von keinem –, und er schweigt.
> (a.a.O., S. 130)

Wir gehen nun weiter. In der Orthodoxie gibt das Sophianische auch dem großen Problem der Erlösung eine gewisse Note. Man weiß, welche riesigen Ausmaße diese Frage in protestantischen Kreisen angenommen hat, und im Gegenzug dazu auch unter den Katholiken gerade zu Zeiten der Reformation. Die westliche Moral und die Theologie gaben auf die Frage nach der Erlösung zwei Antworten: Der Protestant vertritt die Auffassung, dass er glauben müsse, um errettet zu werden. Der Katholik hingegen meint, er müsse Werke vollbringen, damit er erlöst wird. In den abendländischen Riten wird das Verhältnis zwischen Glaube, Handlung und Erlösung auf die Goldwaage gelegt und durch diese Präzision der Abwägung schwer problematisiert. Der westliche Mensch, ob Katholik oder Protestant, versteht die Erlösung als Folge einer Akzentsetzung, je nachdem ob er den Glauben oder das Handeln für wichtiger hält (manchmal ist ihm beides gleichermaßen wichtig). Unter solchen Umständen treibt es den Protestanten ständig hin und her, er ist immer aufgewühlt und ohne Unterbrechung damit beschäftigt, das Feuer des Glaubens anzufachen, er wird aber gerade wegen dieser allzu großen Umtriebigkeit von Zweifeln zerrissen. So oder so ähnlich verhält es sich auch beim Katholiken, der sich unter dem Ernst des religiösen Lebens den höchstmöglichen Einsatz für den Triumph der Kirche unablässig vorstellt. Durch diese Einstellungen, die den Stil der Menschen maßschneidern, wird ein Ziel wie bei einem gespannten Bogen angestrebt: die Erlösung zu erlangen. Die Leidenschaft, mit welcher der abendländische Mensch das Problem zu lösen versucht, nachdem er sich schließlich für den Glauben und die dazugehörigen Handlungen entschieden hat, hinterlässt den Eindruck von Künstlichkeit. Der westliche Mensch meint, im Besitz einer Technik zu sein, die ihm auf Knopfdruck die göttliche Gnade und die Erlösung bringen. Dafür werden ihm nur ein verstärkter Glaube oder ein Mehr an guten Werken abverlangt. Anders gesagt, nur ein Mensch, der sich seiner Macht allzusehr bewusst ist, der die europäische Technik geschaffen hat und der es versteht, die Kräfte der Natur für seine Zwecke zu nutzen, kann eine solche Haltung in Fragen der Erlösung einnehmen. Auf eine ihm weder schadende noch hilfreiche Weise handelt er auch in Vorwegnahme der Macht und der Größe des göttlichen Reichs. Das Verhältnis zwischen diesen Ebenen, des Glaubens, des Handelns und der Erlösung, ist ein gänzlich Anderes in der orthodoxen Geistigkeit. Allerdings ist festzuhalten, dass in der Orthodoxie derlei Fragen viel seltener als im Katholizismus oder Protestantismus gestellt werden. Um die Spezifik der Orthodoxie zu erfassen, müssen wir auf das beispielgebende Mönchsleben am Berg Athos oder auf ein Leben derselben qualitativen Höhe Bezug nehmen. Welche seelischen Aspekte sind charakteristisch für ein solches Leben? Beruht es auf einem bewusst übersteigerten Glauben? Oder geht es immer um den Erweis guter Werke? Weder das eine noch das andere trifft zu. Der Mensch ist vielmehr der Ort einer tiefgreifenden seelischen Umorientierung, die ihm ein viel entspannteres Verhältnis gegenüber demjenigen gestattet, was der Protestant „Glaube“ und der Katholik „Werk“ nennt. Im orthodoxen Seelenleben sind Glaube und Handeln nicht in erster Linie dazu da, dem Menschen den Eindruck zu vermitteln, er habe die Möglichkeit, den „Mechanismus“ der Erlösung in Bewegung zu setzen. Vorrangig ist in der Orthodoxie gerade die Heilsgewissheit. Der Asket am Berg Athos fühlt sich von Anfang an dank einer nicht erzwungenen, aber dennoch wirklichen seelischen Umänderung, im Reich der Erlösung aufgehoben. Er hofft nicht auf eine Erlösung, sondern er erfährt sie. Es handelt sich um kein Problem, sondern um eine Tatsache. Die Erlösung ist keine unter gewissen Umständen sich eröffnende Perspektive des Lebens, sondern dessen sicheres Medium. Das Erlebnis der Errettung, die innere Erleuchtung, die Umgestaltung von Prioritäten innerhalb der Erlösung, die organisch verankerte Überzeugung, an der Erlösung dank des Umstandes teilzuhaben, dass der Mensch ein aufnehmendes Gefäß für eine sich von oben herab ergießende Transzendenz ist, dies sind die erstrangigen Faktoren der Orthodoxie. Die Erlösung ist für die orthodoxe Seele als eine Wirklichkeit jederzeit möglich; sie ist aber kein technisches Problem, das durch einen menschlichen Willensakt in Angriff genommen werden kann. Der Glaube und das Handeln sind Auswirkungen, oder besser gesagt Nebeneffekte dieses von der Atmosphäre und der Hochwertigkeit der Erlösung erleuchteten Seins. Ein Mönch am Berg Athos, der in solcher Heilsgewissheit lebt und jeden Augenblick das Gefühl hat, sich im Medium der Erlösung zu bewegen, ist selbst Scheinwerfer des herabfallenden Lichts und muss daher die Welt mit ganz andern Augen sehen als der Protestant oder der Katholik. Genauso müssen umgekehrt der unruhige Protestant mit seinen ständigen Fragen und die ganze Sorge des Katholiken mit seinem beharrlichen Ehrgeiz, durch gute Werke sich um die Erlösung verdient zu machen oder sie sogar zu erzwingen, das Leben des Mönchs am Berg Athos für ein allzu merkwürdiges Missverhältnis zwischen Mensch und seiner Erlösung halten. Der Asket vom Athos ist in Belangen des philosophisch-religiösen Problems der Erlösung ein Beispiel für eine kopernikanische Wende. Von zentraler Bedeutung ist: Die Heilsgewissheit und das unmittelbare Erleben ihrer Vorrangigkeit; Glaube und Werke folgen daraus mit Selbstverständlichkeit, weil sich der Mensch auf der Hochebene der Sophia befindet.

Eine stilistische Verschiedenheit macht sich auch im christlichen Mystizismus bemerkbar, obwohl die diesbezüglichen Schulen sich tief davon beeinflussen haben lassen, dass ein Gutteil ihrer Geistigkeit aus dem Neuplatonismus in die orthodoxe Mystik überging, und von hier wieder über Scotus Eriugena in die mittelalterliche, insbesondere deutsche Mystik einströmte. Die christliche Mystik neigt in allen ihren Ausprägungen zur Ansicht, dass Gott nicht mit Mitteln menschlicher Rationalität erkannt werden kann. Man müsse über sie hinausgehen. Dieser Überstieg erfolge in der „Ekstase“, einem sehr komplexen geistigen und seelischen Zustand. Gerade im Hinblick auf diese Ekstase meinen wir, dass die orthodoxe Mystik einen etwas anderen Standpunkt als die gotische Mystik vertritt (Meister Eckhart). Dionysius Areopagita (genauer gesagt Pseudo-Dionysius), ein Repräsentant der orthodoxen Mystik, glaubt, dass sich in der menschlichen Ekstase die eigentliche Liebe Gottes dem Menschen gegenüber offenbart. Gott lässt sich gewissermaßen in sein geliebtes Gefäß nieder und vergöttlicht es (*theosis).* Die Ekstase des Menschen wäre demnach das Ergebnis einer göttlichen Initiative. In der deutschen Mystik scheint die Betonung auf der Versetzung des Menschen zu Gott hin zu liegen, oder darauf, dass der Mensch kraft seiner Sublimierung Gott in sich selbst aufleben lässt. Jedenfalls geht die Initiative zur Identifikation und der mystischen Vereinigung mit Gott diesfalls vom Menschen aus. Bei den deutschen Mystikern, die kraftvolle Ausdrücke lieben, finden sich Wendungen wie diese: *„Ich weiß, daß ohne mich, Gott nicht ein Nu kann leben“* (Angelus Silesius).

Je tiefer wir in die Sache eindringen, umso klarer wird, dass das Sophianische eine Eigenschaft ist, ohne welche man sich keine wirkliche Vorstellung von der orthodoxen Spiritualität machen kann. Man vergleiche etwa den katholischen mit dem orthodoxen Ritus. Letzterer ist, symbolisch gesehen, das kosmische Drama der Errettung des Menschen, durch welches der Gläubige in Form ritueller Handlungen und auf der Grundlage von Texten an der Verwandlung zum Transzendenten hin teilhat. Das Ritual und die Liturgie bieten jedem Individuum Gelegenheit zur Umgestaltung. Den sophianischen Bereich vermittelt in der Orthodoxie der Priester auf ganz unpersönliche Weise. Mehr tut er nicht. Er leitet den Strom der Gnade so gut wie ein Metall die Wärme. Anders verhält es sich bei den Katholiken. Das katholische Ritual scheint mit Absicht die Aufmerksamkeit ganz auf den Priester zu lenken. Der Priester wird zum Zentrum des Seins, er ist Platzhalter des Himmels. Durch das Ritual vollbringt der Priester ein nur ihm zustehendes Wunder, um der Kirche selbst ein beispielloses Prestige zu verleihen, das in der katholischen Psychologie die Transzendenz ersetzt. Das Ritual ist nicht sophianisch, nämlich im Sinne einer Umgestaltung des Lebens zur Transzendenz hin, sondern ein souveräner Akt, der zum Ziel hat, den Menschen an die Autorität der Kirche als einer sich selbst genügenden Organisation zu binden.

Um das Sophianische zu illustrieren, könnte man zahllose Beispiele der religiösen Literatur, liturgischer Hymnen, Texte voller Lyrik, erhabene, im Wechselgesang der Chöre dargebotene Allegorien, heranziehen. Es ist ja bekannt, dass die Schöpfer dieser Texte und hymnischen Liturgien zum Großteil auch große orthodoxe Mystiker waren. Die sophianisch besänftigende Macht der Liturgie über die menschlichen Triebe wird wunderbar dadurch zum Ausdruck gebracht, dass in den byzantinischen Kathedralen der Wechselgesang von Menschengruppen möglich ist, die einander im Alltag auf Leben und Tod befeinden. Gegnerische politische Parteien, die einander mit allen Waffen einer höllischen Intrige bekämpfen, wollen trotzdem, dass sich in der Kirche ihre Gegnerschaft zu einem antiphonischen Dialog vergeistigt. Auch lässt sich, über die eigentlich religiöse Literatur hinausgehend, mit Sicherheit sagen, dass die schöpferische Spontaneität der orthodoxen Völker, die sich in vielen ihrer Werke äußert, unter sophianischem Einfluss steht. Die Volksliteratur dokumentiert reichlich, was darunter zu verstehen ist. Es geht um sehr differenzierte und komplexe Erlebnisse, Vorstellungen oder Visionen. Wir brauchen nicht lange danach zu suchen, denn die Belege liegen auf der Hand. Gerade das so oft zitierte und analysierte, aber noch immer nicht ausgeschöpfte Beispiel des Schäferliedes *Mioriza* steht jetzt zur Diskussion. Unsere Literaturbesprechung sowie auch unsere Untersuchung der Folklore führten mit anderen Literaturkennern einhellig zur Feststellung, dass in der *Mioriza* uralte heidnische Motive vorliegen, nach Meinung der einen wären es persische, nach Ansicht der anderen thrakische oder skythische Motive. Einige unserer Forscher sehen die *Mioriza* als Verklärung des Todes an, und diese hymnische Ballade hätte die Bedeutung einer Rune, nämlich einen verlorengegangen archaischen Sinn, der wiederzuentdecken sei. Nicht zu leugnen ist, dass die Bedeutung eines Werks vielschichtig sein kann, manches ist tief verborgen, manches oberflächlicher, aber immer auf dem Untergrund einer Rune. Unser Interesse gilt allerdings in erster Linie der Verbreitung der *Mioriza.* Vor einigen Jahren meinte ein Gelehrter, aus der *Mioriza* archaische Überreste eines „Ritualmordes" herauslesen zu können, nämlich den seltsamen Brauch, den das Volk dem Zamolxis gewidmet hätte. („Die rituelle Ermordung des Königs" wurde von Ethnologen als uralter Brauch bei gewissen zentralafrikanischen Stämmen nachgewiesen. Interessant ist dabei, dass diese Könige, die im Vorhinein schon von ihrer Verurteilung zum Todesritual wussten, sich schließlich mit dem Tod versöhnten, was an den Hirten aus der *Mioriza* erinnert. Wir können aber auf diese Frage hier nicht näher eingehen.) Wie verlockend eine Diskussion über die in Umlauf gebrachten Interpretationen auch wäre, so enthalten wir uns hier jeder Polemik, die uns vom eigentlichen Thema abbrächte. Wir wundern uns nur, dass unseren Gelehrten bei ihrer leidenschaftlichen Jagd nach archaischen Motiven und ihrer naiven Einschätzung wie des Alters von Wein, nicht auf die sehr orthodoxen und bedeutsamen Elemente, die schon in der *Mioriza* vorkommen, aufmerksam wurden. Die Elemente, auf die wir uns hier beziehen, sind gerade in der Schatzkammer unserer Dichtung enthalten. Bekanntlich wird in der *Mioriza* der „Tod" mit der „Hochzeit" gleichgesetzt. Der Hirte, der umgebracht werden soll, verkündet die Nachricht – und dies im Ton einer Frohbotschaft! – dass er die „Braut der Welt" geheiratet habe. Hier ist die Hochzeit nicht nur ein offensichtlich christliches Element, sondern genauer gesagt: ein Element der Orthodoxie. Dadurch, dass der Tod einer Hochzeit gleichkommt, ist er kein biologisches Faktum mehr, nicht mehr bloßer Epilog; er ist verklärt und wird zu einem sakramentalen Akt erhoben, zu einem Prolog. Er ist eine Hochzeit im Sinne der sakramentalen Vereinigung mit einem kosmischen Element. Wir rufen in Erinnerung, was „Hochzeit" hier bedeutet:

Der Mond und die Sonne
Hielten mir die Krone
Und als Gäste standen
Ahornbäum und Tannen.
Berge Priester waren,
Spielleut Vogelscharen,
Tausend Vögelein
Und Sterne Fackelschein!

(Ausschnitt aus der Ballade *Mioriza*, deutsch von Hans Diplich)

So wird die ganze Natur in eine „Kirche" verwandelt. Der Tod als sakramentaler Akt und die Natur als Kirche sind zwei gewichtige und wesentliche Gesichtspunkte der orthodoxen Verklärung der Wirklichkeit. Es sind wahrhaftig sophianische Sichtweisen. Wir wissen nicht, warum wir uns allzulang bei der Bedeutung von Runen aufhalten sollten, wenn der eigentliche und sich zwanglos ergebende Sinn gerade in der seelischen Atmosphäre dieser Dichtung klar auf der Hand liegt.[22]

[22] Ein sophianisches Verständnis der *Mioriza* kommt der Wahrheit sicherlich nahe; es erweist sich als eine Variante der Dichtung, in welcher

Man vergesse auch nicht, dass die *Mioriza* die bei uns am meisten verbreitete Volksdichtung ist. Ein Volkskundeforscher hat über zweihundert Varianten gezählt; das Motiv findet sich in allen unseren Provinzen. Die schöpferische Spontaneität unseres Volkes ist voll von sophianischem Potential. Dieses darf nicht nur in Glaubensartikeln oder in der religiösen Kunst gesucht werden. Es ist sicher umfassender, als dass es sich nur auf festgelegte Dogmen oder auf das religiöse Leben im eigentlichen Sinn bezöge. Das Sophianische ist das am stärksten hervortretende stilistische Merkmal des spirituellen Lebens der Orthodoxie. Jenseits von Dogma, Ritual und religiöser Kunst verfügt das „Sophianische" noch über große schöpferische Möglichkeiten des Volksgeistes in Ost- und Südosteuropa.

Wir wenden uns jetzt dem zweiten, vielfach untersuchten Beispiel unserer Volksliteratur zu. Wir denken an die Ballade von Meister Manole. Das Motiv des menschlichen Opfers, das bei der Errichtung eines Gebäudes zu erbringen ist, stammt aus einem Erdzeitalter, als der Mensch glaubte, er müsse auf diese Weise sein Wohngebiet vor bösen irdischen Mächten und Göttern der Finsternis in Sicherheit bringen. Im Mittelalter lassen sich bei vielen europäischen Völkern teils deutliche, teils vage Überreste dieses Brauchs oder dieses Glaubens auffinden. Diese schon ziemlich verblassten Reste gerieten schließlich ganz in Vergessenheit und kommen heute nur in der vergleichenden Volkskunde durch Ausgrabungen ans Licht. Das im Grunde unsagbar primitive Motiv des Menschenopfers bei der Errichtung eines Bauwerks hat sich in poetischer Bearbeitung in fast allen südosteuropäischen Völkern bewahrt. Bulgaren, Serben, Rumänen, Albaner und Szekler nennen es ihr Eigen, und jedes Volk verteidigt ei-

das Motiv des Schäferhirten mit christlichen Motiven verschmilzt. Der Schäferhirt selbst wird Christus, und das „alte Mütterchen", das auf der Suche nach dem Getöteten und Geopferten von Ort zu Ort wandert, ist selbst die Mutter Gottes. Diese Verwobenheit der Motive bemerkten einige unserer Folkloreforscher. Man hat sogar daraus geschlossen, dass die *Mioriza* von der christlichen Dichtung her stammt (Weihnachtslieder). Diese Interpretation erscheint aber gänzlich abwegig zu sein. Wir vertreten die Auffassung, dass es sich um eine Verschmelzung der Motive handelt.

fersüchtig seine Urheberschaft. (Dies ist aber naiv, weil das Motiv einem lange vorhergehenden Erdzeitalter entstammt!). Besser wäre es, den eifersüchtigen Streit auf eine andere Frage zu konzentrieren. Wie weit waren die verschiedenen Völker dazu bereit, das Motiv zu einem religiösen Ritual zu erheben? Dies ist ein viel interessanteres Problem. Die Volksballaden bezeugen es. Mancherorts musste das Menschenopfer beim Bau einer Burg erbracht werden, andernorts für eine Brücke, dann wieder für eine Stadt oder für den Bau einer Festung. Nur das rumänische Volk glaubte, dass die Opferung einer himmlischen Tat gleichkäme. Der Meister Manole opfert seine Frau für den Bau einer Kirche. Es handelt sich um die „sophianische" Aufwertung eines uralten Motivs von unvorstellbarer Grausamkeit. Es muss dieser sophianische Glaube in der Seele des rumänischen Volkes tief verankert gewesen sein, um dieser religiös zu verstehenden Tat die Grundlage zu liefern, ohne welche alle seine Nachbarn in der Praxis und ihrem mittelalterlichen Heroismus Schiffbruch erlitten hatten.

Zu unserer Volksmythologie, die teilweise noch verstreut in der Vorstellungswelt von Dörfern anzutreffen ist, zählen auch einige Phantasien, die man ohne Weiteres auch sophianisch interpretieren kann. Dazu einige Beispiele:

Die durchsichtige Erde. Nach einer regionalen rumänischen Legende war die Erde anfangs durchsichtig wie Wasser, sodass man durch sie hindurchblicken konnte. Die Erde war aber nur so lange transparent, bis Kain seinen Bruder Abel tötete. Nach dem Mord vergrub Kain den Körper Abels; aufgrund der Durchsichtigkeit der Erde konnte man aber den Leichnam Abels sehen. Gott hat dann die Erde verdunkelt, dass man die Spuren einer so fürchterlichen Tat nicht mehr wahrnehmen konnte. Die Vision einer transparenten Erde ist sophianisch. Das Attribut der kristallinen Klarheit wird der Erde als Trägerin einer vorrangig göttlichen Reinheit zugesprochen.

Christus im Weizen. In manchen Gegenden glauben unsere Bauern, dass man bei näherer Betrachtung der Weizenkörner den Abdruck von Christi Antlitz auf ihnen sieht.

Der Himmel als Nachbar. Nach einer ebenfalls rumänischen Legende war der Himmel anfänglich ganz nahe bei der Erde, so nahe, dass ein Steinwurf genügte, ihn zu erreichen. Aber der Himmel wurde durch die Schlechtigkeit der Menschen verschmutzt, und dann habe ihn Gott höher gehoben. Interessant ist allerdings, dass sich unsere Bauern nicht damit abfinden können, dass der Himmel immer so weit entfernt war. Der Rumäne scheint von der Anwesenheit Gottes in der Welt so überzeugt zu sein, dass er sich vorstellt, der Himmel müsse einst ganz nahe und der Nachbar des Menschen gewesen sein.

Wozu der Wind dient. Nach einer anderen Legende hat die Spinne, die Verkörperung des Bösen, einmal versucht, ihrer wie auch immer gearteten Phantasie zufolge das Licht der Sonne daran zu hindern, auf die Erde zu fallen. Die Spinne hat daher begonnen, ein luftiges Netz zu weben, um das Licht aufzuhalten. Dann hat Gott den Wind herbeigerufen und geschickt, damit er das Spinnennetz zerreiße. Indem die Welt schon immer sophianisch geordnet war, musste auch der Bauer sich einen Reim auf eine so unsinnige Sache wie den Wind machen. Die Beispiele aus der Volksmythologie könnten nach Belieben weiter aufgezählt werden.

Ausgehend von der architektonischen Bedeutung der Hagia Sophia sind wir Schritt für Schritt zur Ansicht gekommen, dass sich das Sophianische als stilistisches Potential von größter Spannweite offenbart. Das Sophianische ist daher vor allem ein Thema der „Kulturphilosophie“. Wir machen hier erstmalig einen Versuch in dieser Richtung. Den Terminus „sophianisch“ entlehnen wir der Kunstgeschichte (Hagia Sophia). Wie wir gesehen haben, verwenden auch einige russische Denker diesen Begriff, wenn sie gewisse metaphysische Überlegungen anstellen. Die russischen Philosophen sind aber nicht so weit gelangt, das Sophianische als schöpferische Potenz der orthodoxen Spiritualität überhaupt, als eine unbewusste stilistische Charakteristik der ost- und südosteuropäischen Kultur zu verstehen. In ihren metaphysischen Spekulationen haben sie nur ein vorgebliches Sein zwischen Gott und der Welt ins Spiel gebracht, ein Sein, das sie die „Heilige Sophia“ nannten. Wie wir gezeigt haben, lassen sich derlei Spekulationen in unsere kulturelle Synthese integrieren. Unsere Vorstellungen vom „Sophianischen“ als „stilistische Determinante“ hängen aber überhaupt nicht von der russischen Sichtweise im

Sinne einer metaphysischen Hypostase der Heiligen Sophia ab, noch auch von der dogmatischen Geltung jener Spekulationen.

Sophianisch ist für uns jede Schöpfung bzw. Existenz, ob eingebildet oder real, die eine von oben nach unten strömende transzendente Verwandlung belegt. Sophianisch können demnach ein Kunstwerk, eine spekulative Idee, ein religiöses Erlebnis, eine Vorstellung der Natur, das Konzept eines sozialen Organismus, das menschliche Verhalten im alltäglichen Leben etc. sein. All diese Dinge sind in dem Maße sophianisch, in dem sie uns eine Transzendenz offenbaren, die in ein aufnehmendes Gefäß herunterdringt.

Von dieser Höhe aus können wir nochmals auf die metaphysischen Meditationen von Florenski oder Bulgakow zurückblicken. Deren Lehre wurde weiter oben zusammengefasst. Nach ihr ist die Sophia eine zweitrangige göttliche Hypostase bzw. die erste Kreatur. In ihrem Wunsche, das Wesen der Sophia zu präzisieren, setzen dieselben Denker die Sophia mit den platonischen Ideen gleich oder mit dem Demiurgen und seinen entelechialen Formen der heidnischen Philosophie. Diese Bestimmung ist ungeschickt, wenn nicht sogar ein schwerer Irrtum. Sie erinnert an eine Merkwürdigkeit der primitiven russischen Ikonographie, die zu den christlichen Heiligen auch den „heiligen Sophokles" und den „heiligen Plato" zählt. Hier fehlt den russischen Philosophen das eigentliche Feingefühl für das Sophianische. So gesehen ist das russische Verständnis der Sophia zu sehr ein aristotelisch-platonisches und ein zu wenig sophianisches. Man vergesse nicht, dass die aristotelische Entelechie die dynamische Ausformung der realen Wesen bedeutet. Die Entelechie gipfelt in der biologischen Schönheit, in der Vollendung von Form und Körper der Wesen. Christlich verstanden kann die Entelechie kein Höhepunkt der physischen Ordnung sein, sie führt die Geschöpfe zu einer spirituellen Verwandlung, zu einer rituellen Haltung; sie wird bestimmt durch die sophianische Form der Wesen, die von Gebet, Meditation und Erleuchtung geprägt sind. Indem die platonischen Ideen höchster Ausdruck gattungsmäßiger Schönheit sind, bleiben sie, wenn auch gesteigert, nur auf biologischer Ebene. Wenn es eine Welt der Ideen gibt, so muss diese für den christlichen Geist ganz anders als platonisch aussehen. Die sophianischen Ideen unterscheiden sich von den platonischen Ideen wie die Figuren der byzantinischen Malerei von den apollinischen Statuen des Praxiteles. Der christliche Schöpfer, wenn es einen solchen gibt, schafft nicht die Natur als Formenkomplex von rein lebendiger Schönheit, sondern als eine Natur wie die Kirche, die gerade in der Wirklichkeit des Geistigen zu ihrem Gipfelpunkt findet. Die Entelechie bzw. Idee, welche der christliche Schöpfer zu verwirklichen trachtet, ist nicht die Höchstform des Lebendigen, sondern die Verwandlung der sophianischen Form. Diese ist Ausdruck des ewigen Erlöstseins. Die Natur, die der christliche Demiurg schafft, ist die „Natur-Kirche". Die orthodoxe Philosophie benötigt eine gründliche Überarbeitung ihrer Begriffe. Die russischen Denker haben ihre Spekulationen über die Heilige Sophia in eine Richtung gelenkt, die nicht zum Kern des „Sophianischen" hinführt.

Sowohl das Kapitel über die geistige Bipolarität im Christentum als auch das vorliegende Kapitel über den sophianischen Charakter der Orthodoxie haben gezeigt, wie verschieden die christliche Spiritualität verstanden wird. Das „Romanische", „Gotische", der „Protestantismus", der „Katholizismus" waren selbstverständlich nur Anhaltspunkte.

In erster Linie bestand unser Ziel in einer stilistischen Analyse der orthodoxen Geistigkeit. Im Rückblick betrachtet, gelangte die Untersuchung zu unzweifelhaften Ergebnissen. Wie auch die anderen christlichen Konfessionen, ist auch der orthodoxe Geist „bipolar". Er ist auf zwei Extreme hin ausgerichtet: zur „Transzendenz" und zur „Zeitlichkeit" hin. Jede der beiden Ausrichtungen werden aber in der Orthodoxie anders verstanden als in den übrigen christlichen Varianten.

Erstens: Im Rahmen der „Zeitlichkeit" wendet sich der orthodoxe Geist mit Vorliebe den Kategorien und dem Gebiet des Organischen zu. Und zweitens wird das „Transzendente" in der Orthodoxie als herabsteigend und die Welt als ein „Gefäß" vorgestellt. Diese doppelte Ausrichtung weicht in beiden Aspekten von anderen christlichen Konfessionen ab und verleiht der Orthodoxie das großartige Aussehen eines originalen Phänomens von erhabener Spannweite. Die Größe eines solchen Phänomens weckt an sich schon das Interesse, um wie vieles mehr wird es dann das rumänische Denken beschäftigen. Das Verstehen dieses Phänomens trägt voll und ganz zum Verständnis der rumänischen Populärkultur bei, in welcher die stilistischen Merkmale der Orthodoxie außerhalb von Dogmatik und festem Kanon zur Hochblüte gelangt sind.[23]

[23] In den Kapiteln, die der christlichen und orthodoxen Spiritualität gewidmet waren, bestand unser ausschließliches Ziel darin, eine Analyse und „stilistische" Beschreibung des Phänomens zu bewerkstelligen. Die Untersuchung wurde mit der Hingabe des Forschers durchgeführt, der sich mit Vorliebe den Problemen der Kulturphilosophie zuwendet. Aus dem Aufgezeigten kann man aber keine Schlüsse auf unsere eigenen philosophischen Konzepte ziehen, die sich in so vieler Hinsicht von denen der christlich orthodoxen Metaphysik unterscheiden.

Über die Assimilierung sakraler Motive

Die Originalität eines Volkes zeigt sich nicht nur anhand der ausschließlich eigenen Kreationen, sondern auch in der Art und Weise, wie es sich Motive aneignet, die weitreichender verbreitet sind. Das Phänomen der Assimilierung wird besonders dann interessant und aufschlussreich, wenn die angeeigneten Themen und Motive für die ethnische Spiritualität als unantastbar gelten, wenn sie von der magischen Aureole eines Tabus umgeben sind und daher von vornherein einem besonderen Schutz unterliegen. Wenn also trotz dieser sakralen Unantastbarkeit und der Sanktionen, die jede Veränderung eines solchen autoritativ und kanonisch festgelegten spirituellen Motivs nach sich ziehen, der ethnische Geist dennoch eine Modifikation oder breitere Auslegung des Motivs vornimmt, so haben wir es gewiss mit einer viel tiefgreifenderen Offenlegung als im Falle der Aneignung alltäglicher Umgangsformen zu tun. Die Forscher, die sich mit der Verschiedenheit ethnischer Motive beschäftigen, sind uns bis jetzt eine entsprechende Untersuchung schuldig geblieben, wie die biblische Kultur und die verschiedenen dogmatischen Motive von den jeweiligen europäischen Ländern aufgenommen wurden.

Unsere Volksliteratur birgt einen immensen Stoff, der in dieser Hinsicht überhaupt noch nicht näher betrachtet wurde. In der Meinung, hier einige Vorschläge machen zu können, werden wir aus den zahllosen Beispielen für eine Modifikation sakraler Motive zwei bis drei herausgreifen, die unserer Ansicht nach sehr erhellend sind.

Nehmen wir eine Legende her, die, vielfach abgewandelt, in verschiedenen Regionen unseres Landes verbreitet ist. „Als am Anfang Gott Himmel und Erde schuf, ergab es sich, dass die Erde größer war als der Himmel und sie nicht unter das Himmelszelt passte, sodass weder die Sonne noch ein Regentropfen oder eine Schneeflocke gesehen werden konnte. Was nun sollte Gott tun, um diesen Missstand zu verbessern? Er müsse den Igel um Rat fragen. Also rief er die Biene herbei und schickte sie zum Igel. Die Biene flog hin und sagte zu ihm: ‚Schau, verehrter Igel – so sagte sie dort –, mich hat Gott geschickt, dich zu fragen: wie könnte er die ganze Erde unter dem Himmel unterbringen?‘ – ‚Und gerade zu mir hat er dich geschickt, zu einem solchen kleinen Knäuel wie mich? Was weiß ich denn, sagte der Igel verärgert. Flieg zu ihm und sag‘ ihm, dass ich davon nichts verstehe!‘ Die Biene fliegt weg, anstatt aber bei der Türe hinauszufliegen, setzt sie sich auf die Türklinke, sodass der Igel, im Glauben, er sei allein, zu murmeln beginnt: ‚Hm, er, Gott, der mich verspottete und aus mir ein so hässliches Knäuel machte, begehrt jetzt, von mir zu lernen, wie man die Erde verkleinert. Warum hat er mir nicht so viel Kraft gegeben, dass ich die Erde mit den Pfoten zusammendrücke, bis sie sich faltet, damit Berge und Täler entstehen, und man dann sieht, wie alles hineinpasst.‘ Sbrr! machte es, und die diebische Biene schwirrte von der Türklinke weg und floh mit dieser Nachricht zu Gott …“[24]

So schuf Gott die Berge und Täler. Die Erzählung vom schlauen Igel tauchte in vielen Varianten von der Bukowina bis zu Muntenien auf. Lässt sich unterhalb ihrer bildlichen Einkleidung auf einen tieferen Sinn dieser Legende schließen? Nichts scheint einfacher als dies. Die in der Erzählung verwendeten Begriffe haben eine Reihe von Bedeutungen. Zunächst wird gesagt, dass die Dinge der Welt nicht alle durch eine anfängliche Schöpfung entstanden sind. Vermutlich bestand zuerst zwischen Himmel und Erde ein großes Missverhältnis, dass durch einen nachfolgenden Akt beseitigt werden musste. Einige Dinge (Berge und Täler) sind, bedingt durch die jeweiligen Umstände und Sackgassen im Schöpfungsplan, bloß nachträgliche Beseitigungen der beim Aufbau der Welt zu spät bemerkten anfänglichen Mängel. Selbstverständlich wird gerade durch solche Einzelheiten, und nur durch

[24] Tudor Pamfile, *Povestea lumii de demult,* [Anm. d. Übers.: nicht auf Deutsch erschienen. Übers. RS: „Die Erzählung von der uralten Welt“], Socec, Bukarest 1913, SS. 25–26.

sie, die biblische Schöpfungsgeschichte beträchtlich abgeändert und modifiziert. Weiters kann sich der Mensch über seine eigene Schwäche hinwegtrösten, dass auch Gott es nicht vermochte, gleich am Anfang und in einem einzigen Akt ein Werk von vollendeter Harmonie zu schaffen. Im Gegenteil, Gottes Schöpfung litt an einem peinlichen Fehler. Aber die Erzählung hat noch einen anderen, gewichtigeren Hintersinn, welcher insgeheim der sakralen Thematik widerspricht: Gott war nicht imstande, allein seinen Irrtum zu korrigieren. Er brauchte – so sagt man – einen „kosmogonischen Ratgeber". Dass ausgerechnet dieser so unbedeutend aussah, sollte uns nicht beirren. Der Heilige Geist hat auch schon in anderen bedeutungslosen Geschöpfen Gestalt angenommen. Durch die Vorstellung einer anfänglich riesigen kosmischen Diskrepanz, die im Himmel existierte und unbedingt sowie dringend eines zweiten Akts zu ihrer Korrektur bedurfte, vertieft daher ganz unerwartet die Metaphysik der biblischen Genesis. Parallel dazu überrascht uns die Legende auch mit einer Vermenschlichung Gottes, der nicht mehr als allwissend angesehen wird.

Wir geben noch ein anderes Beispiel für die Abwandlung dieses sakralen Themas. Vor einigen Jahren hat Nichifor Crainic in einem in der Zeitschrift *Gândirea* (Anm. d. Übers.: deutsch „Das Denken") publizierten, wunderbaren Essay erstmals auf eine bislang zu wenig untersuchte Folklore aufmerksam gemacht. In einigen Weihnachtsliedern bzw. Texten einer Laienliturgie, die im Tonfall und ihrem Ausdruck ein heidnisches Ritual darstellen, wird gesagt, dass das „Weizenkorn aus dem Leib Christi", und der „Wein aus dem Blut Christi" entstanden wären. Zu diesem Volksglauben, der sich in den weihnachtlichen Versen wiederfindet, wollen auch wir einige Worte verlieren. Wenn man die Geschichte der Kulte und einzelner Mythologien durchgeht, so stoßen wir auf einige interessante Analogien zum rumänischen Volksglauben. Es lassen sich folgende Ähnlichkeiten feststellen:

Im Mithrasmythos wird ein Stier geopfert, aus dessen Körper alle sichtbaren Dinge entstehen: das Weizenkorn aus den Hörnern des Stiers, der Wein aus seinem Blut etc. Es ist leicht für den Leser, die Analogie zwischen dem Mithrasmythos und dem Volksglauben zu erkennen. Auch ein anderes Beispiel kann herangezogen werden. Einer der indischen Mythen der Weltentstehung nimmt am Anfang aller Anfänge die Existenz eines Menschen an, Purusha, aus dessen Gliedern und Körperteilen die ganze sichtbare Welt gemacht wurde. Bei diesen beiden Beispielen handelt es sich um Ähnlichkeiten mit dem Aberglauben unseres Volks. In Wahrheit aber ist das sakrale Thema, das wir mit dem rumänischen Volksglauben vom Ursprung des Weizenkorns und des Weines in Verbindung bringen, das Geheimnis des Abendmahls. Die Abweichung vom biblischen Text besteht jedoch darin, dass der Volksglaube, wenn man so will, eine Umkehrung der Verhältnisse vornimmt. Das christliche Sakrament der Eucharistie wird vom Volksglauben auf merkwürdige Weise verdreht. Nach christlichem Glauben wird ein Weizenkorn in den Leib Christi verwandelt; nach dem Volksglauben wird genau dieses Weizenkorn, das Element unseres täglichen Brotes, umgekehrt aus dem Leib Christi geschaffen. Das sakramentale Mysterium wird in gewissem Sinne in einen naturalistischen Mythos verwandelt. Wir haben hier eine Art Miniatur der Weltentstehung vor Augen, ein echtes Fragment, das von der menschlichen Nahrung handelt. Nachdem wir die Abweichung vom heiligen Vorbild nunmehr festgestellt haben, können wir Vergleiche mit dem Mithrasmythos anstellen. Die Ähnlichkeit reicht bis in Einzelheiten, der Unterschied liegt aber auf der Hand: Die Kosmogonie des Mithrasmythos hat die Bedeutung eines ganzheitlichen Mythos der Natur, während der Volksmythos nur eine verstümmelte Version der Weltentstehung darstellt. Die Analogie zwischen dem rumänischen Volksglauben und dem indischen Mythos von Purusha ist ebenfalls ziemlich offensichtlich. Wenn der Volksglaube nicht auf halbem Weg steckengeblieben, sondern diesen Weg zu Ende gegangen wäre, so hätte er vielleicht den Gipfelpunkt seines Denkens erreicht, dass die Welt aus dem Leib Christi geschaffen wurde. (Ungenauigkeiten in der Zeitenfolge spielen im Volksglauben keine Rolle.) In einer Dichtung aus der Maramuresch (Anm. d. Übers.: rumänisch *Maramureş*, Gebiet im Norden Rumäniens) finden wir Christus als Schöpfer:

O făcut Domnul Christos
Pe Adam foarte frumos.[25]

Universitätsgelehrte, die sich gemäß ihrer Profession an Tatsachen halten, werden vielleicht von diesen Ähnlichkeiten beeindruckt sein und dazu neigen, von „Einflüssen" zu sprechen. Der rumänische Volksglaube vom Ursprung des Weizenkorns und des Weines wäre dann ein gewichtiger archäologischer Überrest des Mithraskultes, dessen Verbreitung in unseren Gebieten hinlänglich bekannt ist. Diesen abwegigen und schiefen Sichtweisen werden wir aber nicht näher nachgehen. Wie sehr auch der Mithrasmythos den Kult der christlichen Kirchen beeinflusst haben mag (und dieser historische Einfluss ist ganz unbestritten), so werden wir uns nicht daran halten, dass es einen Einfluss des Mithrasmythos auf den rumänischen Volksglauben gibt, was die Entstehung des Weizenkorns und des Weines betrifft. Die Ähnlichkeit ist nicht unbedingt ein Beweis für eine solche Durchdringung. Sie lässt sich auch anders erklären; es kann sich auch eher um einen Zufall handeln. Ab dem Zeitpunkt, wo in den Mythen der Gedanke einer Schöpfung auftaucht, ist es leicht möglich, dass derselbe Gegenstand bei verschiedenen Völkern, die noch nicht vom rationalistischen Kausalitätsdenken angekränkelt sind, ähnliche Mythen hervorbringt. Wenn man den geheimen Aufbau und die Vorgangsweise des mythischen Denkens ein wenig genauer untersucht, so würde man erkennen, dass die oftmals verwirrende Ähnlichkeit von Mythen, die in gewissen Gegenden und zu bestimmten Zeiten auftauchen sowie durch lange Intervalle voneinander getrennt sind, ein Zufallstreffer ist und ein Grundphänomen darstellt, das sich nicht weiter erklären lässt. Wir vermuten aus gutem Grund, dass dies auch für die Ähnlichkeit zwischen unserem Volksglauben und dem Mithrasmythos bzw. dem indischen Mythos gilt. Darüber hinaus ist ein solcher Volksglau-

[25] Anm. d. Übers.: Der rumänische Reim „Christos-frumos" [„frumos" bedeutet im Deutschen „schön"] fällt in wörtlicher deutscher Übersetzung weg: „Es hat der Herr Christus den Adam sehr schön geschaffen." Vgl. T. Papahagi, *Graiul și folclorul Maramureșului,* [dt. „Der Dialekt und die Folklore aus der Maramuresch, nicht ins Deutsche übersetzt, Anm. d. Übers.], Ed. Cultura Națională, 1925, S. 74.

be, der die gedankliche Abfolge eines heiligen Textes umkehrt, ein sprechender Beweis dafür, dass es in unserem Volksgeist noch immer ein, wie wir sagen, „mythisches Denken" gibt. Man weiß, dass die Lehre der christlichen Kirche eine Menge heidnischer Elemente, freilich in verwandelter Form, übernommen hat. Der Prozess der Christianisierung des Heidentums hat viele Jahrhunderte gedauert. Im Volksglauben, über den wir hier sprechen, haben wir es aber gerade mit dem Umgekehrten zu tun: mit der Paganisierung eines christlichen Themas.

Aber es gibt noch ein anderes Beispiel für die Variation des heiligen Textes. Das Paradies und die Hölle, vor allem aber das Jüngste Gericht, heizen die Phantasie des Volkes in permanenter Besessenheit an: Vor diesem Gericht steht der Mensch. Er ist das einzige irdische Wesen, das sich dieses tragischen Privilegs erfreut. Diesem Dogma sind die folgenden populären Verse entgegenzuhalten:

> Grünes Blatt und kleines Korn,
> Viele Blumen trägt die Erde,
> Alle geh´n zum Jüngsten Gericht.
> Nur die Ähre Korn,
> Nur die Rebe Wein,
> Nur das Kreuzholz des Herrn
> Gehen nicht,
> Sie fliegen hoch zum Himmel an,
> Stehen dort am Paradiestor,
> Richten alle Blumen zumal,
> Fragen jede nach ihrem Duft.
> (a.a.O., S. 152f.)[26]

Dieses kleine Gedicht ist nicht nur als ein Werk der Poesie von Bedeutung, sondern stellt auch eine beträchtliche Erweiterung des dogmatischen Motivationshorizonts dar. Wie symbolisch auch immer die Anspielungen dieses Jammerns sein mögen, die Grundaussage der Verse imponiert als solche; sie enthält nämlich eine wesentlich erweiterte Eschatologie gegenüber der

[26] Vgl. I. Corbu, *Doina*, [Anm. d. Übers.: "Doina" ist eine melancholische rumänische Volksweise], Bistrița, [Anm. d. Übers.: dt. Bistritz] 1925.

christlichen Lehre. Im unauslotbaren Plan des Gerichts und des Weltendes spielt nicht nur der Mensch eine Rolle, sondern gleichsam alle Wesen, ja sogar das Pflanzenreich. Die Pflanzen sind nicht mehr bloß Ausstattung, sondern nehmen auch an diesem Mysterium und am vorgestellten Drama teil. Diese „Eschatologie der Blumen", in der auch die Pflanzen am Ende vor Gericht stehen, und in welcher die Gerüche das hohe Prestige von Geschöpfen mit Moral erlangen, welche die Errettung oder die Verurteilung mit sich bringen, diese Eschatologie verrät ein ursprüngliches, tiefgreifendes und außergewöhnliches metaphysisches Gespür. In den oftmals unfruchtbaren, geistvoll begonnenen, dann wieder gerne fallengelassenen Diskussionen über das Wesen unseres Volks, haben einige ohne die nötige Überprüfung zu behaupten gewagt, das rumänische Volk leide unter einem Mangel an Metaphysik. Die Vertreter dieser Meinung übersehen, dass die Volksmetaphysik, wenn es sie gibt, wie jede ihrer Art, einen zutiefst organischen, nicht aber intellektuell-diskursiven Charakter hat, und dass dieses metaphysische Gespür sich ohne Redekunst, verhalten, in glühenden, aber stillen Vorstellungen äußern kann. Wir haben aus dem Stoff, in den jeder Einblick nehmen kann, ein einfaches Beispiel gewählt, das unauffällig in irgendeiner Sammlung vorkommt. Wir glauben, dass die übrige europäische Volksliteratur nichts Vergleichbares zu bieten hat.

Es wäre aber nicht schwer, noch weitere Beispiele anzuführen. All diese Variationen über das geheiligte Thema bedeuten entweder seine Vertiefung, seine Erweiterung oder die Umkehrung seiner Gedankenabfolge. Ein eingehenderes Studium der jeweiligen folkloristischen Thematik würde die eigenständige Ausrichtung unseres ethnischen Geistes aufzeigen. Man würde rasch sehen, dass sich das rumänische Volk nicht auf sakrale Motive eingeschworen hat, sondern seinen eigenen Weg geht, der sich strukturell von anderen Völkern unterscheidet. Die biblische und kirchliche Kultur werden kreativ verarbeitet. Aus dieser schöpferischen Vorgangsweise, welche die biblische und kirchliche Kultur in unserer Volksseele am Leben hält, ersehen wir eine Besonderheit, die vermutlich auch den anderen balkanischen Völkern zukommt, die uns aber von den westlichen, besonders den germanischen Völkern, und nicht weniger auch vom russischen

Volk unterscheidet. Wenn man nur die Volksseele betrachtet, so liegt bei den germanischen Völkern der Schwerpunkt der biblischen Kultur eher in der Disziplinierung als in der Kreativität. Es geht dabei nicht um schöpferische Fruchtbarkeit, sondern eher um einen praktischen Gewinn. Auf diese Weise wird die biblische Kultur vor allem zur Quelle von Vorschriften und Imperativen. Unsere Bevölkerung hingegen verinnerlicht die Vorschriften mehr organisch und weniger bewusst. Zu beachten ist, dass der Rumäne im Allgemeinen keiner spirituellen Spaltung erliegt. Der rumänischen Seele genügen Legenden und Gedichte, um in Form von Sublimierung der Verlockung einer solchen Spaltung zu widerstehen. Die in Europa so allgemein verbreitete Tendenz zum Schisma kommt in der Orthodoxie weniger zum Ausdruck, und das rumänische Volk findet einen Ausweg in Schöpfungen, die nicht mehr als ein bestimmtes Spiel mit Vorstellungen darstellen, und die namenlos, ohne genaue Urheberschaft bleiben und niemanden zur Rechenschaft ziehen. Der Versuchung, sich zu spalten, wird aus freien Stücken und mit Vorstellungen Widerstand geleistet, die zu nichts verpflichten und sich im Anonymen verlieren; es kommt zu keiner neuen Sektenbildung mit eigenen Religionsgruppen. Wir schlagen hier psychologische Wege ein, die uns beispielsweise vom russischen Volk unterscheiden. Die biblische und kirchliche Kultur legt in die Seele des russischen Volkes oftmals den Keim zur tatsächlichen Spaltung, zur Häresie und zur sektiererischen Abspaltung. Das russische Volk wird dieses seelische Charakteristikum kaum los. Man könnte die paradoxe Behauptung riskieren, dass in Russland die Bewegung der „Gottlosen" die psychologische Grundlage dafür darstellt, dass es eine Versuchung zum „religiösen Schisma" gibt, die zu allen sektiererischen Gruppen geführt hat und führt. Bei den westlichen Völkern stehen Sekten ebenfalls in Hochblüte. Aber dort sind sie kein Ergebnis religiöser Fruchtbarkeit wie in Russland, sondern resultieren aus der Tendenz, wie wir sie schon anhand der biblischen und kirchlichen Kultur des Westens im Überblick charakterisiert haben. Die biblische Kultur des Westens möchte den Seelen der Westvölker eine praktische Lehre in möglichst „reiner" Form erteilen. Aus dieser systematischen und durchgehend am Leben gehaltenen Tendenz zur Reinheit entstehen auch ohne Unterlass die Sektenbewegungen. In Russland werden die Sekten nicht aus dem Streben nach dem verlorenen Paradies im Sinne der reinen und originalen Lehre ins Leben gerufen, sondern aufgrund einer natürlichen Religiosität. In dieser Hinsicht unterscheiden wir uns sowohl vom Westen als auch von den Russen. Zwar ist richtig, dass in den letzten Jahrzehnten auch das rumänische Volk von vielen Sekten überschwemmt wurde, aber sie sind alle dem heimatlichen Boden fremd geblieben. Der Rumäne variiert zwar die dogmatischen und kanonischen Motive, aber nie so weit, dass es zum „Schisma" kommt. Auch in seiner kreativen Spontaneität bewahrt er Augenmaß und übt eine große Zurückhaltung.

Das Bildliche und die Offenbarung

Die Liebe zum Bild ist nicht nur für viele Völker charakteristisch, sondern ist mehr als nur ein Thema der Völkerpsychologie. Sie verschafft der Tiefenpsychologie wertvolle Einblicke. Zwei Völker können gleichermaßen eine intensive Liebe zum Bildlichen zeigen; diese Neigung kann aber jedes Mal einer anderen geheimen Quelle entspringen, die erst freizulegen ist. Für die Untersuchung des Phänomens müssen wir ins Reich des Unbewussten hinabsteigen. Die traditionelle Völkerpsychologie geht zur Erforschung des Profils der Volksseele von sichtbaren Eindrücken aus, und bleibt auch bei diesen stehen. Die Tiefenpsychologie untersucht eine Ethnie in ihren Untergründen, die manchmal ganz unsichtbar sind. Wenn man also behauptet, das Bildliche sei Objekt der Tiefenpsychologie, schlägt man einen Weg ein, der verspricht, uns bis an die Schwelle von Bedeutungen zu führen, die jenseits des unmittelbar Erfahrbaren liegen.

Zunächst aber verlieren wir einige Worte zum ökonomischen Aspekt der Frage. Bei den westlichen Völkern zeigt sich das Interesse, das die bäuerliche Seele dem Schmuck und im Allgemein dem Bildlichen entgegenbringt, ab einer gewissen Höhe des Wohlstandes. Bei diesen Völkern ist die Neigung, von der wir hier sprechen, wie das Edelweiss (Anm. d. Übers.: i.O. auf Deutsch), das nur oberhalb des Eises gedeiht. Unterhalb eines gewissen Lebensstandards befinden wir uns im Westen stets in Gegenden der Armut mit all ihren dazugehörigen Mängeln. Die Armut wird im Westen von unmittelbaren desaströsen Auswirkungen begleitet. Dazu kommen noch die Demoralisierung und ein zermürbendes Desinteresse an allem, was bloß der Verschönerung und der Freude am Leben dienlich wäre. Im Osten und Süd-Osten Europas hat die Armut nicht so verheerende Folgen wie im Westen. Hier hängt der Sinn für Verzierung nicht so sehr von der Gunst der wirtschaftlichen Situation ab. Im europäischen Osten und Süd-Osten scheint der Gefallen am Pittoresken tiefere Wurzeln als im Westen zu haben. Ein Charakteristikum des westlichen Menschen besteht darin, dass die Ästhetik des Alltags vom wirtschaftlichen Denken stark beeinflusst und beherrscht wird. Der westliche Bauer hat selbst in Zeiten der wirtschaftlichen Blüte nur praktische Interessen im Visier und verwirft alles Unnütze; materielle Statussymbole beeindrucken ihn mehr, als dass er die dekorative Verschönerung des Lebens im Sinn hätte. Den Dörfern der Schweiz mit ihren in jeder Hinsicht vorbildlichen Bauernhöfen steht der östliche Mensch vollkommen verständnislos gegenüber. Mit der Genauigkeit eines Ingenieurs lagert der Schweizer Bauer den mit Stroh präparierten Mist seines Stalls in hohen geometrisch zugeschnittenen Würfeln auf der Straße vor seinem Haus. Die Straße (und wir sprechen hier nicht von „Weg“ [Anm. d. Übers.: i.O. „uliţa“, auszusprechen „uliza“], weil es in der Schweiz nur Straßen gibt) zeigt ein imposantes Defilee solcher Würfel aus rustikalem Stoff. Wir erkennen an dieser stolzen Art und Weise, für die künftige Düngung der Äcker in Form ägyptischer Tempel zu sorgen, ein demonstratives Zeichen für Wohlstand. Diese penible Buchführung, anhand derer sich die Blüte eines Dorfes ablesen lässt, dieser achtzehnkarätige Mist, hat gegenüber jedem anderen Interesse ökonomischen Vorrang. Dasselbe gilt auch, wenngleich unter anderen Gesichtspunkten, für den außer Diskussion stehenden Primat der Wirtschaft, was den bäuerlichen Reichtum in anderen Ländern betrifft, etwa in Holland oder Deutschland. Die marxistische Theorie, welche vom Primat der Ökonomie ausgeht, und die ganz auf das Wesen des proletarischen Lebens in den Industriezentren zugeschnitten ist, hätte sich bestimmt noch durch das bäuerliche Leben im Westen Bestätigungen holen können. Auf jeden Fall entspricht diese Theorie, ganz unabhängig von ihrem Prinzip, weit mehr den Tatsachen als im Osten. Der rumänische Bauer – und nur von ihm sprechen wir hier, weil er uns am nächsten steht – zeigt Charakterzüge, die dem Vorrang von ökonomischen Interessen entschieden widersprechen, als ob die Blüten der Schönheit nur ein Anhängsel oder ein Epiphänomen wären. Es ist hier nicht der Ort, über die so oft schon in

Vergessenheit geratene, dann aber wieder aufgenommene marxistische Theorie zu diskutieren, allerdings ist von Vorteil, im Hinterkopf den eindrucksvollen Umstand zu behalten, dass der Bauer des Ostens selbst in bitterster Armut nicht auf Ausschmückung und den pittoresken Rahmen des Lebens vergisst. An unserer Bäuerin fällt besonders auf, dass sie auf alles verzichten kann, nur nicht auf die Nutzlosigkeit zusätzlicher Formen und Farben im Umkreis ihres Alltags. Armut, mangelnde Ausbildung, Stürme jahrhundertelanger Knechtschaft, ein unhygienisches Dasein, das manchmal an den Zustand einer neolithischen Zivilisation erinnert, konnten den rumänischen Bauern nicht dazu bewegen, auf die bewusst herbeigeführte Verschönerung des Lebens zu verzichten. Wie sehr auch ein Häuschen auf seine notwendigen Bestandteile zwecks Unterkunft beschränkt wäre, so wird es stets als Zeichen vornehmer Freiheit die Säulen eines Vorhofs haben; das noch so schmächtige Kirchlein wird stolze Vordersäulen besitzen. Der Krug, mit dem man den Durst stillt, wird immer mit einem altehrwürdigen Dekor geschmückt sein, und an der Wand, wie traurig und leer sie uns auch ansehen mag, würde irgendein Heiligenbild hängen. Wenn die zur Seite gelegten Ersparnisse nicht für den Bau einer ansehnlichen Betstätte ausreichen, so wird mit gewissenhafter Geduld eine hölzerne Troiza (Anm. d. Übers.: Dreifaltigkeitsschnitzerei) angefertigt, die durch ihre Formen und ornamentalen Einkerbungen stellvertretend für den Altar und den Turm stehen. Die Liebe zum Bildlichen und Ornamentalen hat im Leben des rumänischen Bauern bzw. Hirten ein solches Übergewicht gegenüber dem Ökonomischen, dass wir sie sogar auch dort vorfinden, wo der Mensch aufgrund eines rückständigen Zeitgeistes von einem ausbeuterischen Zwangssystem wie ein seelenloses Werkzeug aufgerieben wird. Die Liebe des östlichen Menschen zum Pittoresken und zur Ausschmückung steht ganz offensichtlich und radikal im Gegensatz zur Theorie des historischen Materialismus, nach welcher alles künstlerische Interesse nur der kalte und substanzlose Überbau auf dem Unterbau der Ökonomie wäre. Tatsache ist, dass der rumänische Bauer dem Abfall nicht denselben Wert wie der Bauer in der Schweiz zumisst. Das ist einerseits ein Übel und ein ungewolltes Anzeichen für eine missliche Lage; andererseits ist es ein wohltuender

Beweis für einen zwar bescheideneren, aber unvergleichlich vornehmen Lebensstil. Aus welchen unauslotbaren Tiefen muss also in unserer östlichen Welt diese feine Liebe zum Pittoresken und zur Ausschmückung stammen, um einer so ungezügelten Ökonomie Widerstand leisten zu können? Im Folgenden werden wir versuchen, den Umfang des Problems aufzuzeigen.

Vorläufig jedoch beschäftigen wir uns mit den einzelnen Aspekten des „Pittoresken", in Bezug auf welche der Rumäne und die Natur in gleicher Weise ihren Beitrag leisten, als ob sie nur ein einziges Ziel hätten.

Einiges wäre hier zur Architektur dieses Lebens zu sagen. Die Straßen Siebenbürgens führen durch Dörfer, wo zwei ganz verschiedene architektonische Stilrichtungen sich in unmittelbarer Nähe befinden: Eine ist die rumänische, die andere die sächsische. Der Platz, wo die uralten, massiv angelegten sächsischen Dörfer errichtet werden sollten, wurde – so scheint es zumindest – bis ins Detail durchgeplant. Aus der Art ihrer geradlinigen Anordnung gewinnt man den Eindruck, es handle sich um Berechnung. An der exakt verlaufenden Häuserfront erkennt man den kollektiven Willen, der Natur einen durchdachten Plan aufzuzwingen. Die rumänischen Dörfer hingegen sind auf natürlichere Weise entstanden, aber nicht einfach nur aufgrund fehlender Berechnung, sondern wachsen so organisch aus dem Boden, dass man sich gar nicht vorstellen kann, sie hätten nicht immer schon dort existiert, wo sie jetzt sind. In der lebendigen Unordnung dieser Dörfer spürt man das Vorhandensein einer menschlichen Einbildungskraft, welche die Natur bis hin zum Wunder und Märchen erweitert. Bei einem sächsischen Tor kann man mit der Herausfahrt einer Dreschmaschine rechnen. Aus einem rumänischen Haus sieht man ein altes Weiblein herauskommen. Als alte Zuwanderer haben die Sachsen, ein Volk von eiserner, unbeugsamer und anhaltender Willenskraft, nach wohlüberlegten Kriterien den Boden ausgewählt, auf dem sie ihre Häuser errichten und ihre Gräber ausheben mussten; vorsichtig prüften sie das Wasser, schätzten den Lichteinfall ab und maßen die Dicke des Humusbodens. Mit Vorbedacht vermieden sie allzu hohe Bauten und brachten mit Wetterfahne und Nase die Windrichtungen in Erfahrung. Diese durchdachte Ordnung hielt sich in den sächsischen Dörfern bis heute. Sie sind nicht in unüberlegter Begeisterung wie die rumänischen Dörfer aus dem Boden gewachsen; es scheint, sie wären schon anderswo fertiggestellt und in die siebenbürgische Landschaft gebracht worden, durch die Luft oder auf anderem Wege, aus einem Land, wo der abgenützte Boden die Menschen lehrte, die Natur wieder ins Lot zu bringen und ehrlich, anständig, mit zielstrebiger Exaktheit, die nie aus dem Ruder läuft, zu arbeiten. Die rumänischen Dörfer, die schwindelerregend auf einer Bergkante mit Blick in einen Abgrund liegen oder sich wie Herden im Tal verteilen, scheinen einer Laune der Natur entsprungen zu sein und inmitten dieser Natur ihre Heimat gefunden zu haben. Die sächsischen Häuser stehen Seite an Seite und bilden zur Straße hin eine einzige große, streng aussehende Mauer mit hochgelegenen Fenstern, durch die man von außen nicht ins Haus hineinschauen kann. Auf der meistens gleich aussehenden Giebelseite steht jeweils ein Bibelspruch. Die sächsische Gemeinde ist ein rationales Kollektiv verschlossener Menschen, auf deren Stirne in unsichtbarer Schrift der kategorische Imperativ eingetragen ist. Die rumänischen Häuser haben dagegen mehr Zwischenraum, sie sind weiter voneinander entfernt und durch Gärten getrennt, haben rundherum eine Laube und so niedrige Fenster, dass man von außen alles sehen kann; die Häuser formieren sich zu unsymmetrisch angeordneten Gruppen wie die Bauern, wenn sie ohne jegliche Ordnung zu einem Begräbnis oder zu einer Hochzeit gehen: Die rumänische Gemeinde ist ein instinktiv zusammenhaltendes Kollektiv offener Menschen, die das Pittoreske des Lebens lieben.

In den sächsischen Dörfern sieht man oftmals späte Reste eines bewegten und gefahrvollen Zeitalters, düstere, von hohen Mauern umgebene gotische Kirchen. Es sind die sogenannten „Kirchenburgen". In unsicheren Zeiten zog sich der Sachse hierher zurück. Die Kirche wurde zur schützenden Burg der noch Lebenden. Vor gefährlichen Wegen brachte sich der Rumäne hingegen im Wald in Sicherheit. Die zurückbleibende Kirche wurde schließlich den Flammen überlassen und sollte mit ihrer Asche die Gräber des Dorfes bedecken. Die sächsische Architektur hatte den Zweck, den Unwägbarkeiten des Schicksals zu trotzen und entsprang einer seelischen Stärke, die geradlinig auf die Zukunft gerichtet war. Die rumänische Architektur entstand weniger aus Gründen der Verteidigung oder aufgrund zeitweiliger Zwischenfälle. Die Häuser und Kirchen wachsen aus dem Boden und verschwinden wieder, verschwinden und wachsen wie Ähren, die gemäht werden und wieder kommen, wie gesäter Weizen oder ein fallendes Blatt, das einem anderen Blatt Platz macht.

Trotz ihrer reichen Ausstattung sind die sächsischen Häuser auf das Nützliche beschränkt; die rumänischen, großteils ärmlichen Häuser dagegen fallen durch ihren Überfluss an Unnützem auf, wie allein schon die von Säulen eingefasste Laube beweist. Dieses Geflecht des Unnützen bei rumänischen Häusern bezeugt nicht nur ein künstlerisches Gefühl. Dies ist nur Nebensache. In erster Linie handelt es sich bei diesen unnützen Dingen um etwas Angeborenes, das um jeden Preis das Pittoreske will. Dem sächsischen Haus liegt eher eine ethische als ästhetische Auffassung vom Sinn des Lebens zugrunde. Dem Sachsen geht es vorwiegend um die ökonomische und moralische Sicherheit gegenüber der Natur, dem Feind oder dem Himmel gegenüber. Sein ganzes Leben ist genau daraufhin ausgerichtet. Die Sachsen sind geborene Ingenieure, sie zwingen der Natur ihre eigenen Vorstellungen auf und bauen ihre Häuser, gemeinschaftlich übereinstimmend, zum Zweck eines massiven Schutzes vor jeglicher Unsicherheit. Der Rumäne verhält sich der Natur gegenüber abergläubisch; in jeder Hinsicht ungebildet, bringt er aus eigener Initiative nur wenig Ordnung in das ihm vorbestimmte Leben, es sei denn, dass ihn schwere Ereignisse dazu zwingen; seinem Wesen nach fügt er sich allerdings wie ein Untertan und unterwirft sich voller Vertrauen seiner Bestimmung. Er schreitet im Unvorhersehbaren der Zeit voran, in den Gegebenheiten der Aussenwelt mit dem Gefühl, dass einem das Böse und das Gute von einer höheren Macht zugeteilt wird. Darin besteht die positive Seite seines Schicksalsgefühls. Dank dieses Gefühls kann man sagen, dass der Rumäne nie an den Rand völliger Verzweiflung gedrängt wird. Es handelt sich also um keinen Fatalismus mit tragischem Akzent. Das der rumänischen Seele eigentümliche Schicksalsgefühl wechselt zwischen Verdammnis und göttlicher Gnade, wie Tal und Berg. Der Rumäne wird nicht versuchen, in den Lauf der Dinge einzugreifen; er wird die Umwelt zwar modifizieren, aber nicht gewaltsam abändern. Er baut sein Haus auch hinter dem Rücken Gottes, weil er annimmt, dass Gott auch hinten Augen hat. Die Gassen eines rumänischen Bergdorfs winden sich wie Bäche zwischen Felsen hindurch. Anstatt direkt durch sie hindurchzuführen, machen sie meist einen Umweg um sie herum. So kooperieren sowohl die unüberwindliche Liebe zum Pittoresken als auch der religiöse Respekt vor der „Natur", in deren Sinn und Zweck gewaltsam einzugreifen „Sünde" ist. Dem sächsischen Ordnungssinn erscheinen die architektonischen Launen des Rumänen als Unordnung; aber diese Unordnung ist nur eine andere Ordnung: sie ist konkreter Ausdruck einer Seinsweise, eines mit unverrückbaren inneren Horizonten ausgestatteten Lebens, das sich aus einem streng strukturierten Schicksalsgefühl speist. Ein Volk, das so offensichtlich auf das Malerische ausgerichtet ist, läuft nicht Gefahr, konformistisch nach einem Klischee oder in Serie zu produzieren. Nichts ist abwechslungsreicher als unsere Bauernhäuser. Freilich beziehen wir uns nur auf jene, die „rumänisch" aussehen. Sie mussten nicht unbedingt von den Rumänen selbst errichtet worden sein, sondern eher einem allgemeinen Typus entsprechen. Die Frage, wer diesen ins Leben gerufen hat oder woher er stammt, behandeln wir vorläufig nicht. Uns interessiert zunächst nur das Phänomen überhaupt, dass solche Häusertypen über eine ganze Region verteilt sind, gleich ob sie von der rumänischen Bauernschaft selbst erfunden oder angenommen, entlehnt oder adaptiert wurden. Es wäre sicher sehr interessant zu wissen, welcher Häusertypus der rumänischen Spontaneität am meisten entspringt, doch die Beantwortung dieser Frage würde ein ganzes Forscherleben benötigen. Daher müssen wir uns hier auf Beobachtungen und Aspekte beschränken, die wir, ohne ein Risiko dabei einzugehen, auf der Grundlage allgemeiner Eindrücke machen und wiedergeben können. Beim Versuch, konkrete Gemeinsamkeiten der rumänischen Häusertypen aufzuzeigen, kann es passieren, dass man mit leeren Händen dasteht. Was hat ein Haus in den siebenbürgischen Karpaten mit seinem die Mauern überragenden Strohdach, mit seinen über die Wände fast bis zum Boden herunterreichenden Dachrinnen gemein mit einem walachischen Haus, das ein flaches Schilfdach hat? Oder welche Gemeinsamkeiten bestehen zwischen einem walachischen Haus und einem Haus aus Bessarabien, das ein kaskadenartig gestuftes Dach hat? Diese typologischen Unterschiede werfen gewiss verschiedene Fragen auf. Ist das „Dach-haus" aus den Westkarpaten für seine Gegend typischer als das kaskadenartige Dach in Bessarabien? Ist das Kaskadendach in Bessarabien der letzte Ausläufer des Daches einer asiatischen Pagode? Diese und ähnliche Fragen mögen mit Recht gestellt werden, aber wer könnte sie zufriedenstellend beantworten? Würden wir uns nur auf die faktisch im Umlauf befindlichen Meinungen beschränken, wäre es unmöglich, das typisch „Rumänische" zu formulieren und auf den Punkt zu bringen. In der Architektur verhält es sich nämlich nicht viel anders als in der Dichtung. Die Ballade vom Meister Manole ist zwischen mehreren geographischen Längen- und Breitengraden zu hören. Das rumänische Spezifikum lässt sich nicht wirklich angeben, jedoch ist seine sophianische Interpretation und Sublimierung im eigentlichen Sinn rumänisch. Ohne Zweifel gibt es in unserer Volksarchitektur Originalität, sie ist aber nicht einfach nur den Stilelementen zu entnehmen, sondern wird erst an deren feiner Abstufung ersichtlich. Das am weitesten verbreitete architektonische Charakteristikum ist der Vorgarten mit Säulen, aber auch dieses Element ist kein so allgemeines, dass es auf alle stilistischen, in Rumänien vorkommenden Formationen zuträfe. Es steht außer Zweifel, dass das rumänische Haus überall eine beträchtliche Zahl unnützer ästhetischer Bestandteile und auch etwas Malerisches an sich hat, insbesondere, wenn man es mit jenem Haus vergleicht, das, auf ethische und praktische Aspekte zugeschnitten, typisch für westliche, franko-germanische Bevölkerungsgruppen ist. Um das rumänische Haus in stilistischer Hinsicht richtig einzustufen, muss man darauf achten, dass ein Unterschied zum Pittoresken bei anderen Völkern besteht. Das typisch rumänische Haus fällt im Vergleich zur ungezügelten und aufdringlichen Üppigkeit bei anderen Ostvölkern durch eine stille und wohltuende „Diskretion" des malerischen Elements auf. Wenn man in der Bukowina von einem rumänischen in ein ukrainisches Dorf kommt, ist man plötzlich in einer anderen Welt. Um dergleichen festzustellen, muss man kein besonders geschultes Auge dafür haben. Was sich am Hang zum Pittoresken, besonders in der Kirchenarchitektur, auf den ersten Blick zeigt, ist eine gewisse rumänische „Diskretion“ und eine gewisse ukrainische „Überschwenglichkeit“. In der ukrainischen Umwelt nimmt das Malerische Ausmaße an, als ob ein mit Absicht gebündeltes Licht an einem Ort zusammenliefe, um den Formen- und Farbenreichtum der Welt zu demonstrieren. Zweifellos ist das rumänische Volk aus seiner Tiefe heraus auf das Pittoreske gerichtet. Es bleibt aber dabei maßvoll, schwingend und so gelöst, wie kein anderes Volk in seiner Umgebung.

Wie zurückhaltend sich die rumänische Seele gegenüber dem Pittoresken auch geben muss, so gehört ihre diesbezügliche Neigung doch unbestreitbar zu ihrer Anatomie: es gibt eine Art Organ in ihr, mit dem sie das Fremde assimiliert. Diese Fähigkeit ist von besonderer Bedeutung und verdient hervorgehoben zu werden. Eines ist die Liebe zum Pittoresken und die Schaffung seiner Werke, ein anderes die Angleichung von fremden Motiven und Elementen in den eigenen malerischen Stil. Es versteht sich, dass diese assimilierten fremden Motive und Elemente ursprünglich eine ganz andere Funktion als nach ihrer stilistischen Eingliederung ins Pittoreske haben. Dafür gibt es einige Beispiele aus der Architektur. Die Geschichte legt dafür Zeugnis ab, dass diese eindeutig fremdartigen Motive von der rumänischen Architektur dennoch, dank ihrer Ausrichtung auf das Pittoreske, in sehr organischer Weise integriert wurden. Die entlehnten Motive verlieren zwar ihre ursprüngliche Bedeutung, bekommen aber in den rumänischen Werken einen neuartigen Sinn. Man denke etwa an die Holzkirchen in der Maramuresch oder aus der Gegend um Bihor usw. Wir rechnen diese Kirchen zu den wertvollsten und vorbehaltlos bewundernswerten Hervorbringungen unseres Volksgeistes. Deren beeindruckendste Charakteristika sind einerseits das über das Kirchenschiff bis fast zum Boden heruntergezogene Dach, als wollte es irgendwelchen erdverhafteten Wesen eine Herberge bieten, zum anderen der lanzenförmige Turm, der, in den Himmel schießend, das Kirchenschiff um einiges überragt. Die Türme, die wie unverhältnismäßig lange Pfeile nach oben weisen, sind zweifellos gotischen Ursprungs. Seltsamerweise haben wir es aber nicht mit einer bloß gotischen Kopie zu tun, sondern mit einer waghalsig gesteigerten Supergotik auf der einen Seite, auf der anderen Seite mit einer an das Holz angepassten Gotik. Insgesamt haben die Türme dieser Kirchen aber nicht dieselbe Funktion wie bei den gotischen Kirchen, deren Türme zum Höhenflug anleiten. In der echten Gotik neigt man dazu, die vertikale Linie in das Transzendente verfließen zu lassen, in eine jenseitige Welt voll undurchdringlicher Mysterien. Die vertikalen Türme der Kirchen in der Maramuresch dienen aber zum Glück nur der Vervollständigung des pittoresken Ganzen. Die gotische Vertikale wurde daher nicht zwecks Beibehaltung ihrer ursprünglichen Ästhetik übernommen, sondern um gut ins malerische Bild zu passen. Die Türme unserer Holzkirchen haben im Vergleich zum gotischen Streben nach Strenge, Engführung und Düsterkeit eine auf sicherer Hoffnung beruhende Leichtigkeit, etwas von geschmeidiger Schlankheit, von Luftigem und sonniger Idylle. Zwischen die Gräber und über sie beugt sich das Kirchendach mit schützender Sorge wie eine Henne über die Küken, und der feingliedrige Turm steht da wie eine leicht verspielte Jungfrau, welche die Auferstehung von den Toten symbolisiert, als wäre sie dieser gewiss. Alles ist in eine beruhigende kosmische Schau eingebettet, die voller Freude am Pittoresken im Rahmen eines ständigen Wunders stattfindet. Die Hinwendung zum Pittoresken hat unserer Architektur im Allgemeinen die Assimilierung vieler fremder Elemente erleichtert, welche aber ihre ursprüngliche Bedeutung dadurch verloren haben. Die Stützpfeiler gotischen Ursprungs bei diversen Kirchen in der Bukowina (Voroneț, Sucevița, Rădăuți, Vatra Moldoviței etc. Anm. d. Übers.: „ț“ ist im Deutschen auszusprechen als „z“, „ă“ als Schwa-Laut) werden auf rumänischem Boden zu bloßem Dekor. Die Verstrebungen verlieren vollkommen ihren anfänglichen Zweck als Verstärkung von Mauern, die in schwindelerregende Höhen ragen und werden zu einem dekorativen Zusatz, besonders wenn sie von Fresken überwölbt werden. Es scheint, als hätte der Architekt die Absicht gehabt, möglichst viel Raum für Fresken zu schaffen. Im Übrigen weichen auch diese „äußeren“ Fresken vom eigentlichen Sinn der Fresken ab. Denn dieser lag ja in einer Darstellung, die ausschließlich für den privilegierten Innenraum der Kirche bestimmt war. Indem das Fresko nun auch auf den Außenwänden erschien, waren die Kirchenmauern kein Schutz mehr vor der Natur. Die Natur selbst wird als ein Riesenfresko der Offenbarung verstanden. Das äußere Fresko will zeigen, dass es nicht unbedingt nötig ist, das Innere der Kirche zu betreten, um die himmlischen Mächte und Heerscharen zu sehen. Man kann diese Mächte und Bilder auch außerhalb der Kirche auf sich einwirken lassen, indem man unter der Tagessonne inmitten der Natur steht. Die Bedeutung der äußeren Fresken liegt darin, dass es keine Isolationsschicht mehr zwischen Natur und Kirche gibt. Die Natur und die Kirche beginnen miteinander zu verschmelzen. Hier sollten wir ein wenig innehalten. Bei den romanischen und gotischen Kirchen sind der rituelle Raum und die Welt außerhalb streng voneinander getrennt. Die Mauern sind undurchlässig und schneiden den inneren Raum der Kirche von der Natur, in der sie steht, ab. Der Sinn dieser Absonderung liegt auf der Hand: Das Innere der Kirche ist in der Tat eine andere Welt als die Welt draußen. Die äußere Erhabenheit der romanischen und gotischen Kirchen bereitet nur auf die innere Erhabenheit vor. Die Mauern sind ein Einschnitt zwischen zwei Welten, die nichts miteinander gemein haben. Der Sinn und Zweck derartiger Mauern entspricht perfekt der katholischen und der protestantischen Gesinnung. In der Orthodoxie haben die Mauern im Allgemeinen eine andere Bedeutung. Sie trennen die innere von der äußeren Welt im selben Maße, in dem sie beide Welten auch miteinander verbinden. Sie isolieren, aber vereinigen auch. Dieser Geist der Vereinigung und der Verbindung zweier Welten zeigt sich auf verschiedene Art und ist in der rumänischen Welt allgegenwärtig. Die besonders reichhaltigen, die ganze Kirche bedeckenden Fresken, wie wir sie auf manchen Bauwerken in der Bukowina vorfinden, aber auch die inhaltsärmeren Außenfresken der Kirchen in der großen und kleinen Walachei, sind dazu bestimmt, den inneren Raum des Ritus mit der Außenwelt zu verbinden. Der Außenbetrachter hat das Gefühl, dass sich alles in einer Kirche befindet. Dieselbe vermittelnde Funktion hat auch die rundherum angelegte Säulenhalle bzw. der Vorhof so vieler rumänischer Kirchen, die fast überall anzutreffen sind. Näher besehen entspricht der Vorhof dem metaphysischen Bedürfnis, die Natur mit dem Jenseits bzw. dem Inneren des rituellen Raums zu verbinden. (Auf besonders organische Weise trifft dies auf den das ganze Gebäude umrundenden Vorhof der siebenbürgischen Holzkirchen zu.) Die Außenfresken und Vorhöfe symbolisieren den Zusammenhang zweier Welten, die im Grunde zu gleichen Teilen als göttliche Offenbarungen angesehen werden.

Am Pittoresken sehen wir auch – und es ist fast überflüssig darauf hinzuweisen – wie belebend es sich in unserem Land auf die Volkstracht auswirkt. Aber auch im Falle der Trachten ist es vergeblich, allgemeine Stilelemente oder im ganzen Land verbreitete Motive herauszuarbeiten. Zu behaupten, dass die Bauerntracht außergewöhnlich abwechslungsreich ist, und dass sie sich in manchen Gegenden von Dorf zu Dorf unterscheidet, heißt ja nichts anderes, als zu wiederholen, was wir schon so oft sagten. Wir stehen vor einer reichen Kollektion von Trachtenpuppen[27], einem kleinen rumänischen Volk, vielfarbig und unglaublich bunt. So lebhaft und sonntäglich ist dieses kleine Volk, als käme es eben aus der Kirche. Ist es zu einem Jahrmarkt aufgebrochen oder zerstreut es sich bloß nach einem lärmigen und hitzigen Tanz an einem festlichen Dorfsonntag? Nehmen wir eine kleine Bäuerin aus Gorj (Anm. d. Übers.: „j" ist ein stimmhaftes „sch"), verziert mit gelben Schnürchen und schneeweißer Bluse; oder jene mit schwarzem Rock und reich geschmücktem Kopftuch aus Haţeg/dt. Hatzeg. Auch wäre der Banater Grenzsoldat mit seinem spitzen Hut und seinem einfachen, mit Quadratmustern versehenen Hemd zu nennen. Nicht zu vergessen ist auch der Vorsteher des Dorfes Chizătău (Anm. d. Übers.: „z" ist ein stimmhaftes „s") mit seiner Lederweste, die mit ihren feinen schwarzen Borten und ihrem Linienmuster danach aussieht, als wären es Vogelspuren im Schnee. Der Schafhirt mit dem braunen Umhang kommt aus Muscel, der mit kurzem Brustlatz aus Prahova. Daneben ist der, wie ein Denkmal dastehende, mit klassischer Tracht bekleidete Bauer aus Dolj zu erwähnen, sowie auch derjenige aus Gorj mit seiner reich bestickten Weste und seinem langen, in Falten gelegten Hemd. Man sehe sich auch die durch ihre Einfachheit bestechende Tracht des Mannes aus Hatzeg an, oder werfe einen Blick auf die farbenprächtige, mit Ziergeld und Blumen geschmückte Frau aus der Bukowina. Weniger anziehend wirkt der

[27] aus Holz geschnitzt, gezeichnet und bemalt von Frau Prof. Laura Vlad (Lugoj/dt. Lugosch)

Bewohner aus der Dobrudscha, weil seine Kleidung die ziemlich düsteren Züge des Tartarischen aufweist. Vom Westen her kommt uns die kokette, in Schwarz und Weiß gekleidete Frau aus Salischte (Anm. d. Übers.: Ortschaft westlich von Hermannstadt) entgegen, die Frau aus Wlaschka sieht fast wie eine Nonne aus, die Banaterin nahe der Grenze trägt ein spitz zulaufendes Kopftuch und einen mit farbenfrohen Schlangenlinien gemusterten Schurz. Die Waldbäuerin trägt an den Ärmeln schweren und festen Schmuck mit Perlen, die der Hüfte Schwung und Linie verleihen. In Piteşti/dt. Pitescht sieht man Bäuerinnen in einer Tracht, die grell wie die aufgehende Sonne leuchtet, und beinahe umgekehrt verhält es sich in Lugosch, wo der Mann sich feierlich schwarz anzieht. Die Aufzählung lässt sich beliebig fortsetzen. Die Galerie all dieser heutigen Trachten, die zugleich auch diejenigen unserer Urahnen waren, ist so groß wie das Land selbst.

Aber nicht nur das tägliche Leben, die Kleidung, die Architektur, das Feld mit seinen Brunnen und Dreifaltigkeitsschnitzereien, oder der Friedhof mit seinen Holzkreuzen und Säulen, auf denen sich die Taube des Heiligen Geistes niederlässt, sind vom pittoresken Stil geprägt. Derselbe Stil bestimmt auch alles, was zum Bereich der Einbildung gehört, zur Metapher im Lied und in der Beschwörung, zur Strahlkraft und Phantasie des Aberglaubens sowie des Sprichworts.

So ist das „Pittoreske" aber auch in die Volksphilosophie und Populärmythologie des Aberglaubens oder der leeren Glaubensformeln eingeflossen. In der Bukowina glaubt man, dass die Frau, die sich schön machen will, sich mit demjenigen Wasser waschen muss, dem der Regenbogen entspringt. Dies ist ein poetisches Rezept. Es wäre zweifellos und einwandfrei wirksam, schade ist nur, dass dieses Schönheitsmittel sich nicht wirklich herstellen lässt. Dieser Aberglaube zeigt aber, wie vieles andere seiner Art auch, wie tief das Pittoreske in die Volksmagie eingedrungen ist. In einer Gegend der Moldau wiederum herrscht der Glaube, dass die Zweige, die man an einem Wintertag verbrennt, ihre Blätter in der Nacht auf das Fenster legen. Diese malerische Vision des Blätterphantoms verrät einen wirkungsvollen Animismus und ein beeindruckendes Stück Mythologie. Dafür gibt es noch weitere Zeugnisse. In Siebenbürgen glaubt man, dass Abel am Mond wohnt, und nachdem ihm Kain den Schädel eingeschlagen hatte, diesen über einen Eimer hält, damit das Blut hineinfließen kann. Wenn der Eimer voll ist, fallen drei Blutstropfen auf die Erde. Diese entzündet sich und das Jüngste Gericht findet statt. Es ist ein recht merkwürdiges Bild der Apokalypse. In der Bukowina lebt man im Glauben, es sei ein Übel, Erbsen zu verschütten, denn diese wären die Tränen der Muttergottes (vgl. *Credinți și superstiții* [Anm. d. Übers.: „Glaube und Aberglaube", nicht ins Deutsche übersetzt] von Artur Gorovei, col. Acad. Rom., 1915).

Wenn sich das Pittoreske in die Volksweisheit mischt, dann wird diese zum „Ratgeber". Die rumänischen Sprichwörter entspringen zumeist einer vom Gefühl des Pittoresken unterfütterten Weisheit. Anton Pann, ein wandelndes Lexikon, hatte zur Zeit der dem Volk zugeneigten Romantik, d. h. vor ca. hundert Jahren die gute Idee, unsere Sprichwörter zu sammeln und sie nach Themen zu ordnen. Jedem Thema fügte er einen Sinnspruch hinzu, eine Anekdote, eine in Versen abgefasste Erzählung als Deutung der Sprüche. Das ungewöhnliche Geschick und die pittoreske Phantasie, mit der Anton Pann die Sprichwörter in vielfarbige Leuchtkörper verwandelte, und deren naive Interpretation, die er dazufügte, machen seine Sammlung von Sprüchen (i.O. *Povestea vorbei,* Anm. d. Übers.: nicht ins Deutsche übersetzt) zu einem der originellsten und liebenswertesten Bücher unserer Literatur. Einige Reihen von Sprichwörtern sind so dicht geknüpft, dass man glauben könnte, es handle sich um ein einziges Gedicht. Manchmal ergibt sich ein Sprichwort ganz spontan aus dem vorhergehenden, als bestehe ein Zusammenhang wie in der Erzählung *Tausendundeine Nacht.* Bei Anton Pann wurde das rumänische Sprichwort und sein verborgener Sinn zum ersten und letzten Mal wirklich verstanden. Die Erscheinung Anton Panns war auf ihre Weise einmalig. Was nach ihm aus seinem Werk gemacht wurde, war eine mechanisch zusammengestellte Kollektion. Man hat keinen Zweiten gefunden, der das Sprichwort so tief begriffen hatte, der dasselbe Taktgefühl, dieselbe Liebe und Lebendigkeit beim Zitieren des Sprichworts so sehr wie Anton Pann unter Beweis stellte. Die Sprichwörter sind die Aphorismen des Volkes, sie haben etwas schwer Definierbares an sich, können kaum von einem Kultautor geschaffen werden, der von zweifelnder Reflexion ausgelaugt ist: Dem Herzen und einem unbestechlichen Verstand leuchten sie auf natürliche Weise ein, sie verdanken sich dem Zufall, stehen über Gut und Böse und über wahr und unwahr. Wir haben Sprichwörter, die in ihrer Spitzfindigkeit einigen geistreichen Wörtern gleichen, welche Bauern wie Götter einander zurufen. Es gibt Sprichwörter, die wie feurige Peitschenhiebe wirken, und dann wieder solche, die anscheinend vor ihrer Verwandlung in Worte Blumen waren. Einige wiederum sind verhalten und eröffnen metaphysische Horizonte. Andere hingegen drücken ein Lächeln aus, das einer beherrschten Resignation gegenüber dem Leben entspringt. Manche haben die unangenehme Art eines moralisierenden Lehrers, andere einen von Traurigkeit befreienden Humor. Tiefsinn, Spielerisches und Groteskes begegnet uns auf Schritt und Tritt. Dies trifft natürlich nicht auf alle Bauern zu, aber im Reichtum an Weisheit des namenlosen Bauern verdichtet sich der Genius eines ganzen Volkes, das zumindest zehn Jahrhunderte fast dasselbe geblieben ist. Alle Nuancen des wirklichen Lebens sind zu beobachten, auch gibt es göttliche Eingebungen, die das gesamte Sein betreffen, einen Geist, der mit der Relativität der Werte spielt, und eine Einbildungskraft, die sprechende Bilder für alle Ewigkeit festhält. All dies findet man in Hülle und Fülle im Speicher der Weisheit, in diesem wunderbaren Gedächtnis des Volkes, das man Tradition nennt. Man muss Seiten der großen Literatur aufschlagen, um plastische und pittoreske Vorstellungen wie die folgende zu entdecken: „Der Heuchler frisst Heilige und spuckt Teufel"; oder die Ironie: „Mach' ein großes Kreuzzeichen (als Dank dafür, Anm. d. Übers.), dass der Teufel alt ist"; oder naive Bosheiten, wie etwa, dass der arme und bedürftige Mensch „sich nur innen bekleidet"; oder das folgende suggestive Bild: „Die Augen des Menschen sind dem Meer entnommen, weil er an allem Gefallen findet, was groß ist". Hinsichtlich der Lebhaftigkeit und Sinnstiftung von Vorstellungen steht unser Bauer mit jedem seiner Nachbarn in einem Konkurrenzkampf. („Aus einem Setzling werden Rosen und Dornen." „Wo die Katze fehlt, hissen Mäuse die Fahne." „Ein Schlag kommt immer aus dem Paradies." „Niemand ist eine Kirchentür." „Der Narr schwitzt nicht, weder wenn er bergab, noch wenn er bergauf geht." „Aus dem Schwanz der Katze lässt sich kein Sieb aus Seide machen." „Der Lügner erkrankt, wenn er die Wahrheit sagt." „Die Kerze gibt Licht dem Sehenden, nicht dem Blinden." Es gibt auch den Fluch: „Du sollst Knecht bei weißen Pferden werden." „Höre den Kuckuck, solange er nach dir ruft.") Das bunte und funkelnde Sprichwort verkörpert vollendet den Reichtum des Geistes, der das Bildliche und Malerische der Natur wiedergibt.

Die Liebe zum Pittoresken, zum Detail und zur Ausschmückung, zur Arabeske und Farbe ist für alle Balkanvölker charakteristisch, auch für den Nahen Osten, die Einwohner Klein-Asiens. Diese weit verbreitete Liebe zum Bunten, Exzessiven und Grellen mit all ihrer daraus resultierenden Atmosphäre kennen wir von unseren Reisen oder von denen anderer oder zumindest aus der Literatur der Romantiker, die sie erstmals in aller Klarheit erkannten. Die Begierde nach Farbe, Einzelheiten, Abwechslung und Formenreichtum, das sich selbst genügende Spiel der Einbildungskraft, die Trunkenheit des Ornamentalen und die Spannweite des Arabesken wirken in Süd-Osteuropa und im Nahen Osten wie das Kleid einer ganzen Kultur, als ob es sich um eine volle Bestätigung der Theorie des Schönen als „Zweckmäßigkeit ohne Zweck" handelte. (Anm. d. Übers.: Dieser Terminus findet sich in Kant´s *Kritik der Urteilskraft*). Hier stellt sich die Frage, ob dieses unleugbare Merkmal nicht eine tiefere Bedeutung hat, die über das bloße Faktum hinausgeht. Worin besteht also der verborgene Sinn dieser so nachdrücklichen Ausrichtung auf das Pittoreske?

Auch der Westen hat zu verschiedenen Zeiten und an verschiedenen Orten das Pittoreske geliebt. Die Neigung dazu war aber weniger ausufernd, eher beiläufig, und nie so grundlegend und dauerhaft wie im Osten. Die Liebe zum Pittoresken tritt in der Seele des Westmenschen etwa dann auf, wenn er die geistige Strenge satthat, oder nach Entbehrungen, die er als Bürger einer Stadt auf sich nimmt, gequält von der Monotonie nach Rauch riechender Mauern und dem mechanisch und unnatürlich ablaufenden Alltagsleben. Die Liebe zum Pittoresken des östlichen Menschen tritt nicht dann und wann in Erscheinung, sondern dominiert die Seele. Überdies hat diese Liebe wiederum auch ein anderes unbewusstes Substrat als dasjenige des westlichen Menschen. Die Liebe des Westländers ist diejenige eines Menschen, der aufgrund seiner Gefangenschaft in sterilen Abstraktionen oder seines in Ketten der Zivilisation gezwungenen Lebens den Bezug zur Natur verloren hat und sich im Gegenzug dazu berufen fühlt, einen Ersatz für sie zu schaffen. Die Liebe des Ostländers zum Pittoresken ist hingegen die eines Menschen, der mit der Natur solidarisch ist und sie durch eine geschmückte Welt bereichern und ausufernd überhöhen will. Aber es gibt noch einen tieferen Unterschied zwischen der westlichen und östlichen Kultur des Malerischen. Die westlichen Menschen haben zum Bildlichen keinerlei metaphysischen Bezug. Sie lieben in gewissen Abschnitten ihrer Geschichte das Pittoreske, weil sie vor der Monotonie und Inhaltslosigkeit fliehen müssen. Auf dieser Flucht identifizieren sie sich mit dem Pittoresken wie epikureische Genießer. Anders verhält es sich im Osten. Um die dortige Ausrichtung zum Bildlichen hin zu verstehen, müssen wir etwas zur Kenntnis nehmen, was auf den ersten Blick nebensächlich scheint, in Wahrheit aber einen wesentlichen und erhellenden Beitrag zur Erkenntnis dieses aufwühlenden Stils leistet. Wir beziehen uns auf die ganz besondere Mystik in Kleinasien. Die Rede ist von einer mystischen Lehre, die in der islamischen Kultur viele Schulen hervorgebracht hat. Diese Lehre hätte sich nicht so verbreiten können, wie es wirklich der Fall war, wenn ihr nicht eine latente Volksmystik zugrunde gelegen wäre, die überall in dieser Gegend anzutreffen ist. Wir meinen den am Schnittpunkt zweier Kontinente liegenden Mystizismus, der sich das Geheimnis der Göttlichkeit auf ganz eigenartige Weise vorstellt. Das Mysterium Gottes sei etwas „Verborgenes", das für seine Sichtbarmachung eines Kleides bzw. einer Erscheinung bedarf. Damit der unsichtbare Gott sich in eine sichtbare Gestalt verwandeln kann, ist er gezwungen, Formen und Farben anzunehmen. Jedes Ding ist eine Manifestation der Gottheit. Diese vermag sich nicht anders zu äußern als durch Gegenständliches, durch Formen und konkrete Details, eben durch das Pittoreske. Gott benötigt die Bildlichkeit, um sich auf seine Art und Weise zu zeigen. Das Pittoreske ist also eine Offenbarung. Je vielfältiger und stärker es zum Ausdruck kommt, umso weniger lässt sich die Fülle des Geoffenbarten in Frage stellen. Dieses metaphysische Gefühl wird von einer außerordentlichen Wertschätzung des Pittoresken begleitet, welche schließlich zu dessen Übertreibung führt und zu einem Kult des Pittoresken ausartet. Das rumänische Volk ist am Rande eines Gebiets zuhause, auf welchem die kultische Atmosphäre des Pittoresken lastet. Die ganze Halbinsel des Balkans scheint von dieser Atmosphäre durchzogen zu sein.

1. Es gibt eine ganz zufällige und oberflächliche Ausrichtung auf das Pittoreske, selbst wenn es weit verbreitet ist und sogar in einer bestimmten Region oder Epoche ein allgemeines Stilelement darstellt. Auf eine solche Haltung stoßen wir etwa bei der westlichen Bevölkerung oder in der europäischen Romantik.
2. Es gibt eine Ausrichtung auf das Pittoreske, die eine stilistische, unbewusste, organische und konstitutive Bestimmung wiedergibt. Diese Ausrichtung kann auf schöpferische Weise in alle Gebiete eindringen, in denen das geistige und kulturelle Leben zum Ausdruck kommt. Es handelt sich dabei um ein mächtiges Organ der Assimilierung fremder Einflüsse. Dies lässt sich an der stilistischen Matrix des rumänischen Volkes ablesen.
3. Es gibt schließlich auch eine Ausrichtung auf das Pittoreske, die den gesamten Stil dominiert. In diesem Fall hat der Kult Ausmaße, die von einem unauslotbaren und überwältigenden metaphysischen Gefühl her stammen. Für einen so ausgerichteten Geist wird das „Pittoreske“ zur „Offenbarung“ der Göttlichkeit (Kleinasien).

Geist und Ornamentik

Die Ornamentik der Volkskunst verdient, unter verschiedenen Blickwinkeln und nicht weniger als andere Schöpfungen des anonymen Volksgeistes, alle Aufmerksamkeit desjenigen, der die stilistischen Merkmale einer Kultur untersucht. Die Ornamentik muss, dank ihrer Erfindung freier und selbstständiger Formen, die oft unnatürlich sind und außerhalb jeglichen Zusammenhangs liegen, ferner durch das Ziehen ihrer Linien, durch ihre Rhythmik und ihre zum Einsatz kommenden Farben, als direkter Ausdruck, als Beichte und Mitteilung des Geistes angesehen werden. Die Ornamentik ist das Depot kollektiver Geheimnisse: Sie verraten den Schwung und die Zartheit einer Linie, die Präferenz der Geraden oder des Bogens, die Wertschätzung von kompakter Masse oder des verfeinerten Motivs, die Hervorhebung der natürlichen Gestalt oder einer abstrakten geometrischen Figur. Mithilfe von Intuition, des nötigen analytischen Vermögens und von Empathie, lässt sich gleichsam „graphologisch" der Volksgeist entschlüsseln. Als Schöpfer ornamentaler Formen meint der Mensch, dass er sich einem bloßen Spiel hingibt. In Wahrheit stellt dieses Spiel eine Selbstoffenbarung dar, eine Bezeugung, eine Sinngebung und unfreiwillige Manifestation einer heimlichen Substanz. Im Westen gilt die Graphologie heute als eine Technik, nach einigen ist sie sogar eine „Wissenschaft", die durch ihre unleugbaren Ergebnisse und Erfolge sich einen gewissen Platz erobert hat, sodass sie, wenn auch verspätet, sogar von der offiziellen Universität als Unterrichtsfach in Erwägung gezogen wird. Die bisherigen graphologischen Erfahrungen stellen eine recht überzeugende Grundlage für die Annahme dar, dass die Formen und Figuren der Handschrift eine ausdrucksstarke Komponente im weiten und komplexen Zusammenhang der Psychologie bilden. Die Schriftzüge und deren seelischer Ausdruck entsprechen einander auf geheimnisvolle Weise, indem sie als Aspekte ein und derselben Bedeutung angesehen werden können, oder besser noch, dass sie korrelative Teile eines organischen Ganzen sind. So versuchen die Graphologen den menschlichen Charakter aus der Form eines Häkchens unter einem Buchstaben zu erschließen, sowie die Paläontologen den Drachen aus einer Kralle rekonstruieren. Auf Basis der Ornamentik, mit der uns die Volkskunst von überall her reich beschenkt, können wir bei der Erforschung der verborgensten Winkel eines Volksgeists nach der Art einer Kollektivgraphologie vorgehen. Die Rede wäre dann von der heimlichen Korrespondenz zwischen Gebilden: Auf der einen Seite die menschliche Seele, auf der anderen die ornamentale Formung. Die Aufdeckung dieser Korrespondenz hinge dann nur vom Scharfsinn des Traumdeuters ab (und die Ornamentik ist ein Traum). Wir werden eine ähnliche Deutung in Form eines Streifzugs durch die europäische Volkskunst versuchen. Vielleicht lohnt sich die Mühe anhand ihrer Ergebnisse. Schließlich besteht ja die Möglichkeit, auf diese Weise auch einige Charakteristika der rumänischen Seele festzuhalten. Die Ornamentik, auf die wir Bezug nehmen werden, gehört zur Kunst der Textilien, der Keramik, der Holzschnitzerei etc.

Wir beginnen mit der Schweiz. Die dortige Keramik, die besonders aus Krügen mit Metalldeckel, aus Schüsseln oder glasierten Ofenkacheln besteht, stellt eine Ornamentik dar, an der man sofort häusliche Gartenblumen erkennt oder solche, die sich wieder in die Wildnis der Alpenwälder zurückgezogen haben. Die Tulpe ist ein häufiges Motiv. Zwischen den Blumen, die wahrscheinlich die Landschaft abbilden, findet sich oftmals die museale Silhouette einer Kirche oder anderer bedeutsamer Gebäude, die so wertvoll sind, dass sie in die Glasur eingraviert werden. In dieses fragmentarische Gemisch verirrt sich manchmal ohne jede Logik ein Wassermotiv, wie beispielsweise eine Forelle. Die vorwiegend mit vielen, fetten, oft dunklen und satten Farben bestrichenen Schüsseln bieten dem neugierigen Auge folgende Zeichnungen dar: Irgendeinen auf der fragilen Glasur verewigten Jäger, allerdings einen ohne die symbolträchtige Hoheit des Wilhelm Tell, dennoch aber einen bis in die kleinsten Details pedantisch gemalten Jäger, sodass man zumindest annähernd die Hutfeder und die Art der Wamsknöpfe erkennt. Die Zeichnungen auf den Schüsseln stellen familiäre Szenen oder Idyllen dar, beispielsweise eine Dame mit Mandoline und Hündchen. Die Farben Grün und Rot-Braun machen diese Keramik bunt und lebhaft. Die Geometrie fehlt in dieser Ornamentik fast völlig, sie gibt im Allgemeinen nur den Umriss des Objekts wieder. Auf ihre Nützlichkeit beschränkt, ist die Geometrie eher praktisch orientiert als auf das Ästhetische gerichtet. Auf jeden Fall ist die Keramik reich verziert; sie geht über vor naturalistischen Motiven und in diese Richtung weisenden Absichten. Der Reichtum des Schmucks ist zu schwerfällig, um das Gefühl des Rausches hervorzurufen; er entstammt eher dem kleinlichen Bedürfnis, jeden freien Raum zu nützen. Der leer gebliebene Raum sowie der Rand der Schüssel werden oftmals mit einer kyrillisch geschriebenen Bibelmaxime oder einer Weisheit, die nicht des bürgerlichen Humors entbehrt, ausgefüllt. Wenn man von der Schweiz in Richtung Osten weiterreist, so wird man in Österreich fast dieselbe Keramik vorfinden, eine mit gleichartigen naturalistischen Motiven. Wenn auch nicht stilistisch, so tendiert die Ornamentik hier aber leicht zur Vereinfachung. Im Allgemeinen sind die Formen überschaubarer und die Farben vielleicht freudiger. In dieser Region mit ihrer spezifischen Spiritualität treten verständlicherweise öfter katholische Motive in Erscheinung, wie etwa das Lamm mit dem Kreuz unter der Achsel. Es handelt sich dabei um eine lokale Variante einer in allen westlichen Ländern verbreiteten Ornamentik. In der Volkskunst des Westens oder Mitteleuropas, wie beispielsweise Deutschlands, begegnen wir außer naturalistischen Motiven auch schematischen Gebilden, die einen Stoff nach einem geometrischen Muster zurechtformen (wie es beispielsweise in der Weberei bei Längs- und Querfäden der Fall ist). Die Schematisierung dieser aus Stoff bestehenden Figuren unterliegt keiner stilistischen Notwendigkeit, sondern ist künstlich oder bestenfalls materialbedingt. Die deutsche Ornamentik gibt Szenen aus dem Leben bzw. aus Epochen wieder, indem sie den Geist der Disziplin in Form einer Idylle mit Rokokosoldaten einfach abpaust, oder manchmal auch in Ermangelung von Phantasie Stadtbilder mit schulmeisterlicher Genauigkeit malt, oder biblische Motive darstellt, wie den Baum im Paradies gemeinsam mit Adam und Eva, dies aber mehr aus moralischen Gründen als der Schönheit des Anblicks wegen. In farblicher Hinsicht herrschen Rot und Blau vor, allerdings in zufälligem Durcheinander, ohne auf deren Harmonie zu achten. Erinnerungen und Einflüsse kultischen Ursprungs, Merkmale der Gotik, des Barock sowie des Klassizismus werden den Motiven und ornamentalen Leitlinien des Landlebens untermischt und sind mit ihnen eng verbunden. Jedenfalls scheint dabei die Urwüchsigkeit der Volkskunst von der „Hochkultur" stark gestört und verletzt zu werden. Die innere Lebendigkeit der Volkskultur erlahmt und wird zu einem beschämenden und sterilen Klischee, zu einem stumpfen Echo durch das übermächtige Vorbild der städtischen Hochkultur. Die Volksornamentik ist überladen und entbehrt der inneren Logik; in ihr vereinigen sich die simple und phantasielose Arabeske mit Motiven aus der Natur, die ihr entweder haargenau nachgebildet sind oder materialbedingt, bald gewaltsamer, bald weniger gewaltsam, geometrisch zurechtgeformt werden. Wir müssen daher weit in den Norden gehen, um eine Volkskultur anzutreffen, die sich ihre Ursprünglichkeit und einstige Schönheit bewahrt hat. Wir meinen die skandinavischen Länder. Man denke an die hölzernen Trinkgefäße, die wie stilisierte Vögel aussehen und eingeschnitzte Verzierungen haben, an deren geometrische Dynamik, die aus radialen Linien und kräftig eingekerbten, sich überschneidenden Bögen besteht, sowie an deren geschmackvoll und von bemerkenswert nüchternem Sinn für Farbkombinationen gestaltete Bemalung. Die in einem Zug durchlaufende Wellenlinie, das sich drehende Sonnenrad zwecks Vorstellung einer Kette, die vielfach geflochtene Schlange, sind Motive, die man oft auf Bauernmöbeln oder der Wirtschaft dienenden Gegenständen finden kann. Volle, aber zugleich auch matte Farben, tiefere und niemals schrille Töne ergänzen einander zu einem Orgelakkord. All diese Aspekte sowie auch die Motive der mythologischen Tierwelt, begleitet von Märchen aus dem hohen Norden, aus dem Süden oder aus dem Jenseits, nämlich: der Greif, der Bär, der Löwe, die oftmals die Heime schmücken, erinnern sowohl in ihrer Bewegung als auch durch kräftige und aus der Tiefe kommenden Farbtöne an gewisse stilistische Bestrebungen der urtümlichen skandinavischen Gotik. In Norwegen und Schweden stechen besonders in der Textilkunst dicht und eng gewebte Formen ins Auge. Die der Natur entnommenen Motive haben einen einheitlichen Stil, ihre Geometrie erscheint immer gleich: In allem steckt dieselbe kraftvolle Dynamik, dieselbe suchende Unruhe, deren Sinn und Zweck in ihr selbst liegt. In der skandinavischen Ornamentik spürt man einen souveränen Willen, der die Gesamtschau liebt und vom Zentrum eines starken Strahlenfeldes ausgeht. Weiter nach Norden zu stoßen wir auf eine Textilkunst, die uns auf ihre Weise in subpolare Geheimnisse einführt. Die finnländischen Webereien haben nicht nur durch ihr Material, sondern auch durch ihre Ornamentik ein poröses, wolliges und weiches Aussehen. Im Vergrößerungsglas betrachtet erscheinen sie wie auseinanderstiebende Schneeflocken. Damit beenden wir unsere Reise in den Norden und wenden uns wieder südlicheren Gegenden zu.

Nur im Vorbeigehen streifen wir die französische, spanische und italienische Ornamentik. Die französische Keramik variiert ihre Motive genauso wie der Großteil der westlichen Keramik: Blumen, Vögel, Tiere, menschliche Figuren; es handelt sich also nur um lokale Unterschiede. Die französische Ornamentik zeichnet sich durch eine größere Sparsamkeit bei ihrer Musterung aus, sie ist nicht so überladen wie anderswo, sie hat etwas Feineres und ist in ihrer Komposition abwechslungsreicher. Die Farben, zu denen der Franzose neigt, vibrieren von verhaltener Wärme. Die spanischen Stickereien haben eine ausgesprochen geometrische Ornamentik, oftmals in Form von Quadraten, die dicht und kompakt zusammengefügt sind und über leuchtende Farben verfügen, vorwiegend Rot, Schwarz, Weiß und Violett. Was die Keramik betrifft, hat die spanische Ornamentik, abgesehen von lokalen Motiven wie den Stier oder einige maurische Einflüsse, kein besonderes Spezifikum. Die italienische Textilkunst rechnen wir zur überladensten und variationsreichsten, denn von hier geht jene Geradlinigkeit der Figuren aus, die wir dann am Balkan so sehr bewundern können. Es ist aber gleich festzuhalten, dass diese Geometrie in Italien (wie z.B. in den Abruzzen) unrein erscheint und immer wieder Tiermotive, menschliche Gestalten und fast gelehrt wirkende mythologische Erinnerungsstücke eingeschoben werden. Die italienische Volksornamentik hat noch viele, bis zur Übersättigung angehäufte Überreste von städtischen

Einflüssen aufbewahrt. Gewöhnlich treten bei den tierischen und menschlichen Figuren plötzlich geometrische Formen auf oder sie werden von geometrischen Einheiten zusammengefasst. Die Ornamente haben volle, sogar grelle Farben, vorzugsweise Rot, Grün, Weiß, Gelb, Schwarz. Die Oberfläche des Gewebten lässt keinen Platz mehr frei, sie ist gänzlich trunken von Ornamenten, und der verfügbare Raum wird zu einem richtiggehenden Jahrmarkt von Bildern und Farben. Der Raum wird ausgenützt, und es darf kein Brachland mehr geben. Dennoch hat die italienische Keramik einen Rest an Würde der römischen Keramik beibehalten. Sie unterliegt einem weniger überladenen Stil als die Textilkunst.

Untersucht man die Textilkunst, die Stickerei, die Teppiche, Decken und auch die Keramik der Balkanhalbinsel, so wird man den besten Beleg für eine äußerst abwechslungsreiche Ornamentik finden, die, je nach Region, bald mehr, bald weniger, unserer Volksornamentik ähnelt. Man betrachte etwa die neugriechische Ornamentik der Textilien: Sofort fällt die lineare Geometrie auf, die durch Parallelen und Überschneidungen von Geraden zu Figuren werden, die von großer und verschlungener Phantasie zeugen, welche, oftmals sogar ausschließlich, tonangebend wird. Diese geometrische Ornamentik ist, ob mit oder ohne Zwischenraum, zumeist sehr dicht zusammengedrängt und so überladen, dass der Betrachter keine Chance hat durchzuatmen. Die Farben sind oftmals grell; wenn es einen Zwischenraum gibt, so ist dieser nicht selten schwarz oder rot, es sind aber auch andere Farben möglich; die ornamentalen Figuren, die sich aus der raschen Hin- und Herbewegung des Lineals ergeben, sind manchmal weiß auf schwarzem, oder golden auf rotem Untergrund etc., etc. Sie sind Farbkombinationen der mannigfaltigsten Art. Man findet aber auch eine Ornamentik vor, die der unsrigen überhaupt nicht ähnlich ist: Eine Art von Figuren, die an die ungeordneten Steine gigantischer Mauern erinnert. Sie treten als kompakte Masse in Erscheinung. Naturalistische Motive wie Pflanzen und Tiere kommen eher selten vor. Dies trifft besonders auf Nordgriechenland zu. In Attika tritt die geradlinige Geometrie eher in den Hintergrund und macht einer gemischten Geometrie Platz, in der auch krumme Linien hereinspielen. Auf den griechischen Inseln stehen dieser Art der Geometrie auch noch Naturmotive zur Seite. Auf einigen Inseln, wie etwa in Kreta, ist die Ornamentik von einer solchen Komplexität und einstudierten Virtuosität, dass sie sich auf keine Weise mehr mit unserer Volkskunst vergleichen lässt.

Worin also besteht dann der Unterschied zwischen der neugriechischen und der rumänischen Volkskunst? Die rumänische Ornamentik ist, was ihre Geometrie betrifft, im Allgemeinen verhaltener, nüchterner, weniger überladen und von schlichterer Phantasie. In der rumänischen Ornamentik haben wir es mit einer sehr ausgeprägten Geradlinigkeit zu tun, während in Griechenland die Geometrie sprunghafter ist, mehr im Zickzack verläuft und spannungsgeladener sowie explosiver wirkt. Einige Stilphänomene wie die vorhin erwähnten gigantischen Mauern aus Steinblöcken fehlen bei uns völlig. Andererseits ist unsere Ornamentik, besonders im Falle von Decken, mehr als die griechische, in naturalistischem Stil gehalten, wie die Blume und vorwiegend das Blatt oder die Zweige zeigen. In unserer Volksdichtung ist oft vom „grünen Blatt" die Rede, was ganz dieser Art der Ornamentik entspricht. (Man vergleiche etwa die oltenischen Decken.) Die eigenen Stilisierungen der rumänischen Kunst sind Ausdruck für ein offensichtliches Bedürfnis; sie stellen keine sprunghaft geometrisierten Muster dar, die von der Anfertigungstechnik und dem verwendeten Material abhängen. Die Stilisierung richtet sich direkt gegen die Struktur der Materie und deren Vorgaben. Unsere Ornamentik hat viele Bezeichnungen, aber das beleidigende Wort „überladen" wäre strikt zurückzuweisen; insbesondere dann, wenn man sie mit dem reich behängten Schmuck der Nachbarvölker vergleicht. Hinsichtlich der Farbgebung haben die Griechen ihre Präferenzen, die aber nicht die unsrigen sind. Sie haben eine Vorliebe für stärkere „Farben", während der Rumäne „Nuancen" bevorzugt, feinere und blassere Farben, die aus dem durchsichtigen Saft der Kräuter gepresst werden. Vor Einführung der chemisch erzeugten Farben, der industriellen Regenbögen, welche das Handwerk auf Abwege geführt und den Geschmack des Volkes vollständig verdorben haben, gehörten unsere Farbrezepte zur Gänze einer alchimistischen Ingenieurskunst an. Die weiter oben erwähnten ornamentalen Ähnlichkeiten und Unterschiede sowie auch andere, kaum wahrnehmbare Feinheiten berechtigen uns zu behaupten, dass die neugriechische und die rumänische Volkskunst sich zueinander verhalten wie das „Barocke“ zur „Klassik“, wie das „Ionische“ oder „Korinthische“ zum „Dorischen“. Der Leser sollte sich aber jetzt nicht die Mühe machen, seine Kenntnisse der Kunstgeschichte aufzufrischen, denn es geht nur um einen graduellen Vergleich. Unsere Ornamentik mit ihrer einzigartigen Vornehmheit, ihrer vielfach abgestuften Diskretion, ihrer in Subtilitäten sich verflüchtigende Schlichtheit und ihrem klassischen Maß erscheint hingegen in der neugriechischen Kunst in nachgeahmten und immer wieder aufgesetzten Formen, die schließlich in üppige und typisch barocke Übertreibungen ausarten. Es ist klar, dass wir mit den Termini „klassisch“ und „barock“ nicht auf stilistische Motive und Aspekte anspielen, die wir üblicherweise mit diesen beiden Strömungen in Verbindung bringen, nämlich auf Bezeichnungen von Stilrichtungen einer Hochkultur. Wir meinen damit nur Arten und Grade der Komplexität in der Darstellung von Motiven, die im Grunde weder klassisch noch barock sind, sondern schlichtweg volkstümlich. Wir sprechen also nur von einer Verhältnismäßigkeit bzw. Proportion. Wenn es vorkommt, dass der Rumäne und der Grieche ungefähr dieselben geometrischen Formen und stilisierten Motive verwenden, so bevorzugt der Rumäne die beherrschteren, verhalteneren und weniger ostentativen Formen. (Wir fügen hinzu, dass in der süd-osteuropäischen Ornamentik und Volkskunst die menschliche Gestalt, so oft sie auch im Westen und in Mitteleuropa vertreten sein mag, fast ganz fehlt. Die süd-osteuropäischen Völker hüten sich vor der Wiedergabe der menschlichen Gestalt, so wie etwa die Mohammedaner die Darstellung Gottes vermeiden. Dabei ist sicher eine gewisse Scheu vor magischen Kräften im Spiel. Die balkanische Ikonographie gibt sich trotzdem ganz der Gestaltung menschlicher Figuren hin, allerdings nur von religiösen Persönlichkeiten: Solchen der Trinität oder von Heiligen aus der Bibel und den Legenden. Schon allein durch ihre Eigenschaften und ihre sakrale Beschaffenheit sind diese Personen vor jedem Einfluss seitens der Magie und des Beschwörungszaubers geschützt.) Wenn wir weitere Vergleiche anstellen, so sehen wir, dass bei den anderen Balkanvölkern, besonders bei den slawischen, die Geometrie ihre dominante Stellung zu verlieren scheint und auch naturalistischen Motiven Platz macht. Diese zeigen sich in der dortigen Volkskunst, bar jeder stilistischen Absicht, manchmal in Form von Pflanzen oder Tieren. Die schmückenden Farben, die alle Völker des Balkans lieben, sind meistens kräftig und ohne Nuancen. Alles Ungesättigte erscheint diesen Völkern als etwas Totes. Dies ist natürlich eine Frage des Geschmacks. Andererseits ist die südslawische Geometrie, verglichen mit der rumänischen, viel überladener und pompöser. Die Figuren sind komplizierte Kompositionen, wirken aufgesetzt, und sind das Ergebnis einer Überkreuzung sämtlicher geometrischer Formen: Im Zick-Zack auf Quadraten und Kreisen verlaufende Linien, ein vom Strahlenkranz umhülltes Kreuz etc. In der südslawischen Ornamentik bemerkt man auch eine innere, merkwürdig berührende Inkonsequenz, weil sie durch ein Gemisch von Stilarten auffällt: Augenscheinlich verstößt die Geometrie gegen alle inneren Gesetze und Regeln, indem sie sich mit einer naturalistisch gearteten Ausschmückung paart. Diesen störenden Misston stellen wir auch bei der ukrainischen und russischen Volkskunst fest. Der vornehmere Geschmack des Rumänen hingegen akzeptiert jedenfalls nur die Kombination der Geometrie mit stilisierten Naturmotiven. Diese rumänische Einstellung ist so allgemein verbreitet, dass jede Abweichung von ihr zumindest im Prinzip als „fremdartig“ angesehen wird. Bei den Szeklern (Anm. d. Übers.: östlicher, ungarisch sprechender Teil Siebenbürgens), die stolz auf ihre schöne Volkskunst sein können, bemerkt man neben der „naturalistischen“ Ornamentik eine ausgeprägte Geometrie mit vorwiegend krummen und gebogenen Linien. In den Szeklerdörfern erinnert manches auch da und dort noch an das Hochbarock. In sich sehr stimmig – das muss anerkannt werden – ist die tschechoslowakische Volkskunst: In ihrem Repertoire finden sich originelle Pflanzen- und Naturmotive, leicht vereinfacht und von lebhafter Farbe. Die tschechoslowakische Ornamentik vermeidet sorgfältig jegliche geradlinige Geometrie; neben der pittoresken Gartengestaltung bevorzugt sie insbesondere kurvige Linien, den Bogen und spiralförmige Windungen wie bei Weinreben. Dank ihres historischen Umfeldes steht sie, vielleicht mehr als jede andere, mit Ausnahme der österreichischen Ornamentik, unter dem

Einfluss kultischer, städtischer und adeliger Motive des Barockstils. Wir halten die Behauptung nicht für übertrieben, dass die tschechoslowakische Volkskultur Verschiedentliches von der Barockkultur geerbt hat, sowie beispielsweise auch die rumänische Volkskultur jahrhundertelang etwas von der byzantinischen und altertümlichen Statik an sich trägt.

Um zum „Wesen" der Volkskunst der verschiedenen Länder vorzudringen, haben wir bisher das damit verbundene Dickicht durchforstet. Natürlich handelt es sich bei dieser typologischen Untersuchung nur um eine zusammenfassende Skizze. Mit Absicht galt unser Interesse dem Bereich der Ornamentik, weil diese maßgeblichen Anteil an der menschlichen Schaffenskraft hat und dabei besonders aufschlussreich ist. Aus etlichen Beobachtungen ergibt sich, dass der rumänischen Volkskunst und Ornamentik ein besonderer Platz in der Kulturphilosophie gebührt. Obwohl unsere Volkskunst durchaus mit derjenigen anderer Länder verglichen werden kann, so verfügt sie doch über eine außergewöhnliche Ausdruckskraft. Fast jeder Vergleich spricht letztlich für diese Einmaligkeit.

Was die bedeutsame Geometrie und das stilisierende Bestreben unserer Volkskunst betrifft, so lassen sich zunächst generelle Ähnlichkeiten und Unterschiede der Volkskunst überhaupt festhalten:

1. Es gibt eine Geometrie, welche die Natur gleichsam kopiert: So verhält es sich etwa im Falle der finnländischen Ornamentik mit ihren flockig-porösen Figuren, die sich rund um imaginäre Achsen versammeln und ins Riesenhafte wachsen, als ob sie aus lauter Schneekristallen bestünden.
2. Es gibt eine erfundene, über die Formen der Natur hinausgehende Geometrie, kräftig und von linearer Dynamik, wie in den skandinavischen Ländern.
3. Es gibt eine ebenfalls erfundene Geometrie, mit unterbrochenen Linien, quadratisch oder im Zick-Zack verlaufend, reichlich differenziert und überladen, wie in Griechenland.
4. Es gibt eine Geometrie der Kurven, der Bögen und Windungen wie bei den Slowaken oder den Szeklern.

5. Es gibt eine erfundene Geometrie, vorwiegend geradlinig, statisch, nüchtern, verfeinert und verhalten: wie bei den Rumänen.

Was die Verwendung naturalistischer Motive in der Ornamentik betrifft (Pflanzen, Tiere, Menschen), so lassen sich auch hier mehrere Vorgehensweisen unterscheiden:

1. Naturmotive, naturalistisch oder leicht vereinfacht gestaltet: in der gesamten westlichen Volkskunst, aber auch in derjenigen aller unserer Nachbarn.
2. Geometrisch schematisierte Naturmotive, technisch oder stofflich bedingt, in jeder Volkskunst anzutreffen.
3. Stilisierte Naturmotive, einem urwüchsigen Streben entspringend. Ein Beispiel in dieser Hinsicht gibt die rumänische Volkskunst. (Es ist aber nicht das einzige Beispiel.)

Auch gibt es mehrere Arten der Farbgebung. Man verwendet:

1. Lebhafte Farben – ohne größeres Interesse an ihrer Harmonie (Schweiz, Deutschland).
2. Kräftige Farben, harmonisch (Schweden).
3. Feine Farben, nuanciert (Frankreich).
4. Starke Farben, grell (Slawische Länder).
5. Matte Farben (Rumänien).

Es ist klar, dass die rumänische Volksornamentik nur über sehr wenig Motive und zeichnerische bzw. koloristische Elemente verfügt, die nur ihr zukommen. Man denke etwa an die Teppiche Olteniens, die moldauisch-bessarabischen Decken, die überall vorkommenden Trachten, die Tücher, an die Holzkreuze und die bunt bemalten Ostereier etc. All dies trifft aber auf die meisten Völker zu. Die Ausbreitung von Motiven und Verzierungen richtet sich nicht nach ethnischen Grenzen. Sie lässt sich nicht auf eine Ethnie beschränken. Die rumänischen Gelehrten, besser gesagt Reisenden, die erstmals Bekanntschaft mit einer ähnlichen Ornamentik wie der unsrigen auf der Balkanhalbinsel, in Litauen oder in Schweden gemacht hatten, mussten in ihrer Naivität ein Gefühl der Enttäuschung, wenn nicht sogar der Bestürzung, unterdrücken. Sie meinten eines scheinbar nur ihnen zugehörigen

Besitzes unerwartet und unrechtmäßig beraubt zu werden. Unsere umherreisenden Forscher, verbittert und beleidigt, standen plötzlich vor der Tatsache, dass die rumänische Volkskunst nicht so originell ist, wie sie glaubten. Bis zu einem gewissen Grad ist diese Enttäuschung verständlich, aber eigentlich grundlos. Anhand unserer bisherigen Untersuchung zeigt sich ja, dass jegliche Behauptung, es mangle einer Volkskunst an Originalität, sinnlos ist. Solche Aussagen sind nur ein Beleg für die fehlende Sensibilität ihrer Urheber. Gewiss gibt es die rumänische Volkskunst. Sie hat gegenüber den weit verbreiteten Motiven und Stilelementen in der Kunst der Nachbarvölker etwas Eigenständiges. Trotzdem wollen wir der Frage nach dem Ursprung jener Motive und allgemeinen Elemente nicht näher nachgehen. Geschichtlich verstanden scheint eine Antwort noch in weiter Ferne zu sein. Was verdanken wir den Thrakern? Was bedeutet arisch? Was kommt aus Klein-Asien? Was ist byzantinisch? Was entstammt ägyptischen oder koptischen Gebieten? Was heißt „erdverbunden"? Das Ratespiel ist verlockend, bleibt aber ein Streit unter Fachleuten. Uns interessiert vor allem dasjenige an der rumänischen Volkskunst, was wirklich ihre Erscheinung ausmacht. In erster Linie gehört dies einer höheren und ätherischen Ebene an, die jenseits des fixen Repertoires der Volkskunst liegt. Deren Bestandteile werden nun vom Wind zerstreut, der sich über alle Zollschranken von Ländern und sonstigen Behinderungen im Luftraum hinwegsetzt. Was die Originalität unserer Volkskunst hinsichtlich ihrer Ornamentik betrifft, so finden wir Qualitäten vor, die über das grob Sichtbare hinausgehen. Deren funktionaler Zusammenhang lässt sich durch eine einfache Methode, die von Elementen ausgeht und wiederum zu diesen zurückführt, nicht herausarbeiten. Dabei liegen die einzelnen Momente klar auf der Hand. Zwar ist die Originalität unserer Volkskunst nicht so augenscheinlich, dass sie jeder Mensch in unserer ganzen, zum europäischen Kontinent gehörenden Region sofort wahrnimmt, dennoch hat sie einen versteckteren funktionalen Charakter, der belebend wirkt und die Dominanz bzw. die Dosierung von Motiven und Stilelementen zum Ausdruck bringt. So gesehen entdecken wir tatsächlich, dass in der rumänischen Ornamentik die Geradlinigkeit und die stilisierten Figuren deutlicher hervortreten als in anderen Gegenden, aber nirgendwo sonst ist das Verhältnis zwischen Geometrie und der Natürlichkeit des Stils so ausgeglichen wie hier. Die rumänische Volkskunst zeichnet sich durch eine bedeutsame innere Stimmigkeit aus. Aber noch etwas Anderes sticht bei ihr hervor: Ihr Maßhalten und ihr ausgeprägter Rhythmus in der Verteilung von Motiven. Wie ausgeglichen und maßvoll ist doch die Gestaltung der „Dekoration" und auch der „Flächen"! Welche Abwechslung von Fülle und Leere, von Betontem und Unbetontem, von Substanz und Raum, wie beispielsweise bei den Teppichen Olteniens mit ihren ultramarinblauen oder tiefroten Feldern und auch bei den Teppichen Bessarabiens mit ihrem schwarzen Grund voller frei hingeworfener Pflanzenmotive. Die Nachbarvölker, besonders diejenigen der balkanischen Halbinsel, leiden an einem *horror vacui*, während der Rumäne der letzte ist, der einer solchen Angst zum Opfer fällt. Das Leere wird vom Rumänen nicht als Mangel empfunden, der unbedingt zu beseitigen ist, sondern als notwendiger Zwischenraum in der Abfolge der Betonungen. Das Leere ist kein Raum, der sofort mit etwas angefüllt werden müsste, sondern hat wesentlichen Anteil an der künstlerischen Gestaltung selbst. Durch die positive Bewertung des Leeren, der eingeschobenen Pause und des Zwischenraums als zum stilistischen Rhythmus gehöriger Faktor, durch diese regelmäßig eintretende Entspannung, stellt die rumänische Volkskunst in der östlichen Welt ein europäisches Einsprengsel auf dem Gebiet der asiatischen Kunst dar, die in einem Meer von Üppigkeit und Übertreibungen versinkt, und etwas leicht Barockes und Plebejisches, wenn nicht sogar Barbarisches ausstrahlt. Jedenfalls ist dieser insulare Status der rumänischen Volkskunst umso bemerkenswerter, als deren Stil nicht aus einem west- oder mitteleuropäischen Reservoir schöpft, sondern seine regionale Besonderheit hat. Wir sprachen von einem „europäischen Geist". Damit meinen wir den Geist des Maßhaltens, der für Europa charakteristisch ist, wenn man ihn mit dem asiatischen oder demjenigen des Nahen Ostens bzw. des arabischen Mittelmeerraums vergleicht. Es geht hier nicht um europäische Motive, sondern um eine dem Europäertum typische geistige Haltung.

Zu diesen Grundzügen der Originalität sollte man noch eine Eigentümlichkeit hinzufügen, die zwar nicht ausschließlich die rumänische Volkskunst auszeichnet, aber bei ihr besonders auffällt. Unsere Aufmerksamkeit gilt diesfalls der speziellen Technik, deren bislang unbeachtetes Können in der rumänischen Volkskunst anhand der Geometrik und dem Streben nach elementaren Formen am Werk ist. Konsequent und programmgemäß ausgeführt ist beides sogar einer großen Gefahr ausgesetzt. Sie besteht darin, einer erstarrten und leblosen Abstraktion zu erliegen, einem hieratischen Klischee zu verfallen, wie es im Byzantinismus gelegentlich der Fall war. Der rumänische Volksgeist hat aber auf wunderbare Weise verstanden, dieser Gefahr der Selbstauflösung auszuweichen. Obwohl schon genug von rumänischer Seite über den byzantinischen Einfluss auf unsere Volkskultur, die Ikonographie und die Kirchenkunst geschrieben wurde, hatte man doch nicht alle Facetten des Problems hinreichend dargestellt. Gewiss wurde der Einfluss entsprechend gewürdigt. Den Forschern fiel aber ein für sie anscheinend nebensächlicher Aspekt gar nicht auf, obwohl er in Wahrheit von großer Bedeutung ist. Die zu rational vorgehende und einseitige Kunstkritik hat zwar den byzantinischen Einfluss auf die rumänische Volkskunst bemerkt, nicht aber die rumänische Reaktion darauf. Die gibt es nämlich. Der Rumäne setzt gegen den byzantinischen Stil überall dort, wo er ihn übernimmt, eine besondere Technik ein, um die Gefahren, die dieser Stil mit sich bringt, zu umgehen. Das muss klar gesagt werden. Die präventive, instinktive und unbewusste Reaktion gegen eine stilistische Erstarrung bestand in der Anwendung einer „organischen“ Technik. Gewiss verführt der byzantinische Stil, gerade durch seine innere Konsequenz, zur Virtuosität, die unausweichlich zu einer abstrakten und mumifizierten Kunst ausartet. Der rumänische Bauer, der das Elementare zum Maßstab nimmt, hat sich mit Recht davor gehütet, die Regeln der Virtuosität zu befolgen. Er schafft es sogar, den stilisierten menschlichen und übermenschlichen Figuren auf seiner Glas- und Holzbemalung ein gewisses organisches und lebendiges Flair zu geben, indem er allem mit Absicht etwas ungeschickte und imperfekte Züge verleiht. Der besondere Zauber dieser Ikonen verdankt sich dem Wechselspiel polarer Tendenzen: Das hieratische Streben nach elementarer Abstraktion führt nicht zu gefühlskalten Figuren, sondern wird durch das Gegengewicht einer naturverbundenen Technik abgeschwächt. Die vom Intellekt gesteuerte Virtuosität der stilistischen Abstraktion endet immer in Erstarrung, in unoriginellem Konformismus und ist trocken sowie auch steril. Der künstlerische Instinkt des rumänischen Bauern wehrt sich gegen alles Gekünstelte und weicht ihm bewusst aus. Er besteht in seiner Ornamentik auf jene Geometrie der Geradlinigkeit, wie wir sie vorhin zu beschreiben versuchten. Interessant und bemerkenswert ist aber dabei, dass er trotzdem Linien vermeidet, die mit dem Lineal gezogen werden können. Das ist sowohl in der Textilkunst oder auf den Glasuren als auch in der Architektur zu beobachten. Die Benützung des Lineals, ob sie nun real oder nur vorgestellt ist, trägt nach Ansicht unseres Bauern nichts zur Verschönerung der Dinge bei. Die Gestaltung eines Gegenstandes nach Kriterien, die das Lineal vorgibt, erscheint ihm widersinnig zu sein und die Regeln der Kunst auf den Kopf stellen zu wollen. Die von der Hand des malerisch begabten Bauern oder des Baumeisters gezogene „Linie" wird letztlich immer von einer exakten Linie etwas abweichen. Sie weist stets wahrnehmbare Unregelmäßigkeiten auf. So gesehen bekommt die Geometrie etwas Beseeltes. Euklids Geometrie wird lebendig. Der Rumäne liebt zwar in der Ornamentik die gerade Linie, aber er verleiht ihr einen Pulsschlag; ebenso schätzt der Rumäne die stilisierte Abstraktion, darunter aber spürt man ein schlagendes Herz. Das sogenannte „Ungeschickte" hat Methode. Die Vermeidung von erstarrter Virtuosität ist gerade bei dieser Art Kunst, der Gestaltung geometrischer Formen und der stilisierten Abstraktion, notwendiger als anderswo. Genau dafür hat der rumänische Bauer einen treffsicheren und großartigen Instinkt. Wir entdecken in der rumänischen Volkskunst eine Synthese zweier gegensätzlicher Tendenzen, eine äußerst raffinierte Polarität, die auf Basis einer erstaunlichen Kunstsinnigkeit mit einfachen und ungekünstelten Mitteln ihren Ausdruck findet. Dieser Ausgleich von Gegensätzen, von abstrakter Geometrie und Natürlichkeit, diese Harmonie in der Zweideutigkeit, hat den rumänischen Bauern davor bewahrt, einer leblosen Vollendung zu erliegen. Virtuoses Vorgehen hätte seine Kunst nur scheinbar bereichert, in Wirklichkeit aber zu einer inhaltsärmeren und ausdrucksloseren Darstellung geführt. Zwar haben der nur über eine bescheidene Volkskunst verfügende Siebenbürger Sachse oder gar auch der Szekler sowie die übrigen uns umgebenden Völker es manchmal zu einer größeren Kunstfertigkeit gebracht als der Rumäne, dennoch strahlt ihre Virtuosität eine geringere Lebendigkeit aus. Die Kunst unserer Nachbarn ist stets einförmig, näher am Klischee, exakter herausgearbeitet, nüchterner, mehr ein Industrieprodukt, druckfertiger, serienmäßiger und unbeseelter. Die rumänische Volkskunst hingegen ist ein blühendes Bündel von überraschenden Elementen. Deren funktionaler Zusammenhang, ihr Verhältnis untereinander, die Dosierung der Gegensätze, das Sichtbarmachen ihrer Interferenzen, lässt sich gewiss schwer definieren. Sind aber all diese Aspekte einmal geklärt, so scheint die Originalität unserer Volkskunst und deren komplexer Aufbau die theoretische Intelligenz wie die sinnliche Anschauung im selben Maß zu überzeugen.

Von der Sehnsucht

Wir ergänzen das bisher über die Neigung zur „Nuance“ und die „Diskretion“ Gesagte um einige Klärungen und Betrachtungen, die in den vorigen Kapiteln noch nicht eingebracht werden konnten. Denn diese beiden Tendenzen unserer Volkskunst zeigen sich nicht nur in der Vorliebe für „matte“ Farben oder eine schlichtere Ornamentik. Ein entsprechendes Pendant dazu gibt es auch in der Musik und der Dichtung. Im rumänischen Volkslied, der „Doina“, in der Tanzmusik, im Gesang bei Begräbnissen, mischen sich in die Grundmelodie großteils unpräzise Zwischentöne ein, die „Nuancen“ des Seelenlebens zum Ausdruck bringen. Mit erstaunlicher Sicherheit bewegt sich unser Volkslied auf dieser eingeschobenen und schwankenden Tonleiter, die das Ohr so gerne in präzise Noten zerlegen möchte. Wie abwechslungsreich sind dann die Nuancen im scheinbar monotonen Ensemble des Volksliedes und wie verhalten ist dessen melancholische Tonfolge im Vergleich zu den Exzessen der Verzweiflung in der Musik Klein-Asiens, die im Übrigen manchmal sogar an unsere Volksmusik erinnert.

Die Neigung zur Nuance lässt sich auch am Beispiel unserer Volkslyrik belegen, die wie das Pflanzenreich einer ganzen Welt aufblüht. Die am häufigsten besungenen und dargestellten Seelenzustände sind, wie man weiß: Die „Sehnsucht“, das „Klagen“ und der “Trübsinn“. All diese Zustände, welche unserer Volkslyrik zumeist zugrunde liegen, haben ihre ganz spezifische „Nuance“. Keines der Wörter „Sehnsucht“, „Klagen“, „Trübsinn“ lässt sich in eine andere Sprache übersetzen. Sie bezeichnen typisch rumänische Seelenzustände. Das Wort „dor“ durch „Sehnsucht“ zu übersetzen, ist keine wirkliche Übersetzung, sondern zeigt nur deren Unmöglichkeit auf. Wörter dieser Art machen die sinnmäßige Undurchdringlichkeit eines Dialekts aus. Das Gefühl „Sehnsucht“ (i.O. „dor“) ist so eigenartig und nuanciert, dass bereits die Vokale und die Konsonanten des Wortes zur seelischen Verfassung gehören. Solche Wörter „bedeuten“ nicht nur etwas, sondern machen sogar durch ihren Klang schon einen Teil ihrer Bedeutung aus. So verhält es sich auch bei den Wörtern „Klagen“ (i.O. „jale“) und „Trübsinn“ (i.O. „urât“).

Noch komplizierter und nuancenreicher ist die Dichtung, die solche Gefühlszustände beschreibt. Wir unterziehen das lyrische Motiv „Sehnsucht“ einer differenzierten Prüfung bzw. einer „Spektralanalyse“. Eine Durchsicht unserer Volksdichtung zeigt rasch, dass es nicht nur bestimmte Themen sind, die hier besungen werden (die Geliebte, das Haus, die Familie, die Landschaft); die „Sehnsucht“ erklingt auch um ihrer selbst willen, fast so, als ob sie gar nicht auf ein Ziel gerichtet wäre, oder ob ihr Gegenstand irgendwie verschwiegen bzw. nur diskret berührt werden sollte. Anders gesagt, verwandelt sich ein subjektives Gefühl in ein eigenständiges Objekt der Lyrik. Einige Forscher, deren Beurteilungsvermögen für solche Subtilitäten nicht ausreichte und die möglicherweise auf einen Schein hereinfielen, behaupteten, dass unsere Volksdichtung die „personifizierte“ Sehnsucht sei. Wir meinen, dass diese Charakterisierung nicht zutrifft und den kaum in Worte zu fassenden Vorgang, der sich in der Volksseele abspielt, nicht angemessen wiedergibt. Es handelt sich in Wahrheit nicht um eine Personifikation der Sehnsucht, sondern um deren Erhebung zu einer „Hypostase“. Dieser Unterschied ist sowohl seinem Wesen nach als auch hinsichtlich seiner Auswirkungen beträchtlich. Bald wird die Sehnsucht als versteinerte Hypostase, dann wieder als eine unpersönliche Macht empfunden, die zerstört und unterjocht, bald auch als ein vergänglicher Zauber, als eine Krankheit kosmischen Ausmaßes erlebt, als unbesiegbarer Bestandteil des Seins, als ein alter ego, als eine stofflich-seelische Emanation des Individuums. Entsprechend gibt dann auch der Sänger die Sehnsucht wieder: Er kniet nieder vor ihr oder kämpft gegen sie, er verkündet oder erleidet sie, er streut sie über die Erde oder sät sie wie Pflanzensamen. So viele Arten der Sehnsucht lassen sich kaum als „Personifikation“ verstehen. Aber alle sind verträglich mit der von uns vorgeschlagenen Bezeichnung, ja sie erfordern sie sogar. Das Volk fasst die Sehnsucht als eine ihm übergeordnete Hypostase auf, und dasselbe gilt auch für die Klage, den Trübsinn und das Glück etc. Dazu einige Beispiele:

> Wo die Sehnsucht umgeht
> Kann man nicht mit dem Pflug ackern.
> Denn der Pflug bleibt in der Sehnsucht hängen,
> Wenn auch die Ochsen sich zu Tode ziehen;
> Wo die Schwermut umgeht
> Kann man nicht die Egge darüberführen,
> Die Egge bleibt in der Schwermut stecken,
> Wenn meine Kühe, die armen, auch noch so sehr ziehen.
> (a.a.O., S. 205)

Oder:

> Du mein Junge, Guter,
> Ich möchte deinen Namen säen
> Säen möcht ich deinen Namen
> Vermischt mit meiner Sehnsucht.
> Und aus deinem soll erspriessen
> Schöne Blume, seltene Blume,
> Spriessen soll der Rosmarin,
> Aus meinem eine Rose.
> (a.a.O., S. 205)

Oder:

> Soviel Krankheit es gibt unter der Sonne
> Brennt doch keine wie die Sehnsucht,
> Denn wo die Sehnsucht sich niederlässt,
> Macht sie das Herz zu Kohle.
> Soviel Krankheit es gibt unter dem Monde,
> Ist doch keine so wahnsinnig wie die Sehnsucht,
> Denn wo sich die Sehnsucht niederlässt,
> Baut sie den Tränen ein Haus.
> (a.a.O., S. 206)

Oder:

> Und ich habe vernommen, vernommen,
> Dass es eine Windmühle gibt,
> Die Schwermut mahlt.
> Gott, ich weiß nicht, was ich gäbe,

> Wenn ich jene Mühle finden könnte,
> Ich würde Schwermut mahlen.
> Schwermut scheffelweise.

Oder:

> Mütterchen, mein Glück,
> Haben die Ochsen im Bächlein getrunken,
> Ich weiß nicht, haben es die Ochsen getrunken,
> Oder habe ich kein Glück gehabt,
> Ich weiß nicht, haben es die Ochsen verzehrt,
> Oder hat mir Gott keins gegeben.
> (a.a.O., S. 207, Aus der Sammlung *Am Mieresch und an den Kokeln,* hrsg. von H. Teculescu, Schässburg 1929. Anm. d. Übers.: Außer den vorliegenden Zeilen nicht ins Deutsche übersetzt.)

Diese bevorzugte und gleichzeitig subtile Vorgangsweise bei der Hypostasierung der Sehnsucht, der Klage und des Trübsinns etc. bewahrt die Volksdichtung vor zwei gravierenden Mängeln: vor dem Abdriften in Rührseligkeit und vor schwer verständlicher Allegorie. Würde sich der Volksdichter nur an ein subjektives Gefühl halten, so käme er rasch in die Nähe von Sentimentalität. Die von ihm unabhängige Objektivität seiner seelischen Verfassung schützt ihn instinktiv vor dieser Gefahr. Würde er andererseits seinen Seelenzustand „personifizieren", so verfiele er rasch einer abstrakten und ohne Resonanz bleibenden Allegorie, wie es etwa in der byzantinischen Poesie der Fall ist. Eine schlichte Vergegenständlichung hält ihn auch von dieser Gefahr fern, indem er mit entsprechender Kindlichkeit seine Erlebnisse wiedergibt. Jedenfalls handelt es sich dabei um ein Charakteristikum des naiven Stils unserer Volkskultur. Auch halten wir fest, dass diese sowohl unsentimentale wie auch vor missbräuchlicher und ausdrucksloser Phantasie gefeite Lyrik, wie diejenige der Allegorie, ein Wunder darstellt und einmal mehr jenen Geist der Nuancierung und der abwägenden Zurückhaltung unserer eigenständigen Volkskunst verkörpert.

Liebhaber ontologischer Spekulationen könnten auch zwecks näherer Bestimmung der „Sehnsucht" einen Seitenblick auf die „Existenzphilosophie" werfen. Ein solcher steht zwar vorläufig nicht im Zentrum unseres Interesses, jedoch hat die gegenwärtige Philosophie unter dem Einfluss Kierkegaards versucht, das Spezifische der menschlichen Existenz inmitten der Welt zu definieren. Heidegger, der berühmte deutsche zeitgenössische Philosoph, hat den Versuch unternommen, das menschliche Dasein auf eine Grundlage von höchster poetischer Ausdruckskraft zurückzuführen. Diese bezeichnete er als „Sorge". Aber glaubt er wirklich, dass sich die eigentliche menschliche Existenz in geradezu lyrischer Weise auf eine absolute Formel bringen lässt? Wir meinen im Recht zu sein, wenn wir die Allgemeingültigkeit dieser Bestimmung bezweifeln. Würde ein typischer Rumäne versuchen, eine Existenzphilosophie zu verfassen, könnte es leicht sein, dass er die „Sehnsucht" zur Grundlage des menschlichen Daseins erhebt. Dergestalt würde sich die Sehnsucht als rumänische Hypostase der menschlichen „Existenz" offenbaren. Möglicherweise hat die katastrophale seelische Atmosphäre nach dem Weltkrieg Heidegger dazu veranlasst, in fast buddhistischer Weise das menschliche Dasein als auf den Tod und das „Nichts" hin ausgerichtete Sorge zu interpretieren. Wenn man jedoch auf die in unserer Volksdichtung allgegenwärtige Sehnsucht achtet, so könnte man fast meinen, dass die Sehnsucht für den Rumänen eine über den Horizont hinausstrebende Existenz ist, eine, die zur Gänze zu „etwas" hinströmt.

Intermezzo

Auch wenn in unsere Volkskultur im Laufe der Zeit äußere Einflüsse eingesickert sind, so hat sie doch einen festen Kern, der von innen her ausstrahlt. Es ist die unverkennbare „stilistische Matrix“ unseres Volksgeistes. Unser bisheriges Interesse galt ihren verschiedenen Bestimmungsstücken. Sie alle anhand von Beispielen zu dokumentieren könnte Bände füllen. Da wir uns jedoch vorgenommen haben, gewisse kulturphilosophische Überlegungen anzustellen, die auch fruchtbringend sind, wollen wir uns nicht zu sehr in Details verlieren. Denn wir versuchten ja, nicht die stilistischen Determinanten einer abgelebten Kultur aufzuzeigen, sondern gerade ihre schöpferischen Potentiale herauszuarbeiten. Die bestimmenden Faktoren bilden zusammen eine relativ unveränderliche Matrix, eine Substanz, die großteils unabhängig von zeitbedingten und historischen Zufallsereignissen ist. Diese Matrix verkörpert die Identität des Rumänentums im Verlauf der Jahrhunderte; sie stellt unsere Dauerhaftigkeit und Kraft wie ein Keimplasma dar; sie ist unser Anteil an der „menschlichen Ewigkeit“ in der ununterbrochen neu aufsprießenden Abfolge der Generationen. Die stilistische Matrix ist an der Bestimmung dessen, was ein Volk ausmacht, genauso beteiligt wie die Blutsverwandtschaft und die Sprache. Sie vermag an Ausgeprägtheit zunehmen oder abnehmen. Verschwindet sie aber, so verschwindet mit ihr auch das Volk. Sie ist ein Bündel von Kräften, die im Geheimen wirken und ist im Übrigen auch unsere einzige große „Tradition“. Die Verschmelzung unserer Tradition mit der stilistischen Matrix gehört weder einer zeitlichen Ordnung an, noch lässt sie sich mittels der Wappenkunst oder mithilfe der Geschichtswissenschaft erklären. Im Westen versteht man unter „Tradition“ eine genaue Darstellung der Vergangenheit in Form einer Ahnengalerie, einer Chronik der Ereignisse, des Verdienstes der Vorfahren, der Aufeinanderfolge von Generationen unter dem magischen Schutzschirm desselben bäuerlichen oder aristokratischen Wappens. Die Tradition hat im Westen einen historischen und musealen Charakter. Was zählt, ist die Retrospektive, die über Gräber hinwegschreitende Zeit, das in der Gegenwart aufgespeicherte Gewesene, das Gedächtnis und die Atmosphäre des Gedenkens. Eine Tradition, die sich wie zu Staub zerriebene Knochen über alles Lebendige ausbreitet, fehlt bei uns. Unsere Tradition ist wesentlich unsichtbarer; sie lässt sich nur metaphorisch oder metaphysisch darstellen. Unsere Tradition ist zeitloser, fängt immer wieder von Neuem an, ist unerschöpflich und groß wie am ersten Tag. Ihre stilistische Matrix ist gesegnet wie mütterliches Fruchtwasser. Wenn sie auch manchmal weniger in Erscheinung tritt, so ist sie doch unentwegt lebendig. Sie zeigt sich zwar in der Zeit, steht aber doch über ihr, gemessen an unserem alltäglichen und flüchtigen Zeitbewusstsein. Hinsichtlich ihrer Kreativität ist unsere Tradition „musisch", aber nicht „museal". Im Westen ist die Tradition ein Zeichen für Alter, oftmals ist sie sogar eine Last; die Loslösung von ihr wirkt wie ein befreiender Umbruch. Unsere Tradition ist zeitlos wie das grüne Blatt; als stilistische Matrix hat sie Anteil an der Gesetzmäßigkeit des Unbewussten. Eine Verabschiedung von ihr käme einer religiösen Lossagung gleich.

Auf den kommenden Seiten wollen wir einige zeitbedingte Aspekte festhalten, wie sich die stilistische Matrix im Laufe unserer an Glück so wechselvollen Geschichte offenbart hat. Wir werden dabei sehen, dass unsere Geschichte, wenn man sie nach dem ihr zukommenden Maßstab beurteilt, nämlich nach Kriterien, die sich von selbst aus ihrer stilistischen Matrix ergeben, oftmals ein problematisches Aussehen hat, und dass wir es in der Tat nicht mit einer einzigen Geschichte, sondern mit mehreren Arten von „Geschichten" zu tun haben; einmal mit einer Geschichte, die sich über Jahrhunderte erstreckt, dann mit einer Geschichte, die sich selbst bezweifelt, und schließlich mit einer sich aus der Wirklichkeit zurückziehenden Geschichte.

Evolution und Involution

Der Begriff der „Geschichte“ hat, abgesehen von seinem vagen Alltagsverständnis, auch andere Definitionen, die nicht geläufig sind, sondern aus einer Vertiefung der Philosophie stammen. In den letzten Jahrzehnten war die Bedeutung dieses Begriffs Gegenstand heftiger Debatten. Für das vereinfachende und unscharfe Denken des Alltagsmenschen, der Wörter für bare Münze nimmt, ist die „Geschichte“ bloß die Summe von Ereignissen und Veränderungen, die irgendwann und irgendwo stattgefunden haben und nicht von individuellem Interesse sind. Man versteht unter „Geschichte“ zeitlich begrenzte Abläufe, die, je nach Wichtigkeit, einen mehr oder weniger kollektiven Stellenwert haben. Diese Definition ist akzeptabel und beunruhigt niemanden. „Geschichtlich“ wäre dann etwa der Beschluss eines Gesetzes, dem sich zu einem bestimmten Zeitpunkt die Gemeinschaft unterwarf oder sich dagegen auflehnte; ebenso der kriegerische oder unkriegerische Lebensverlauf eines Herrschers; die Gründung einer Wohltätigkeitsinstitution, die mehr als nur einer einzigen Person zugutekommt, die Schaffung eines Kunstwerks, das allgemeines Interesse hervorgerufen hat bzw. hervorzurufen imstande ist, oder zumindest mehr Leute als nur den Künstler selbst anspricht. (Dies sagt natürlich nichts über den Wert eines Kunstwerks aus.) Wo zwei Menschen ein gemeinsames Interesse haben, verbindet sie auch eine gemeinsame Geschichte. Einer solchen Definition von Geschichte als zeitlicher Dimension von Leben und Handeln, die über die bloß individuelle Vorliebe hinausgeht, kann man leicht zustimmen. Sie lässt sich einfach vor sich hinsagen und entspricht dem gesunden Menschenverstand. Ihr Gebrauch ist zwar voller Unklarheiten und wird kritiklos hingenommen. Sogar ein ganz bewusstes Nachdenken über eine Vorstellung oder einen Begriff bestätigt oft nur deren gängige Bedeutung oder hebt sie verstärkt hervor. Das kritische Bewusstsein abstrahiert dann nicht von der gewöhnlichen Verwendung des Begriffs, sondern misst ihr nur einen größeren Wert bei. Historiker, die ein wenig mehr in die Tiefe gehen, was ja nicht gerade oft vorkommt, meinen, dass die übliche Bedeutung des Wortes „Geschichte" zwar nicht falsch, aber unvollständig und inhaltsarm sei. Um von „Geschichtlichkeit" zu sprechen, werden tiefsinnigere Köpfe fordern, dass man sich keinesfalls mit einer banalen Definition von „Geschichte" zufriedengeben kann. Jede Philosophie wird zustimmen, dass die „Geschichte" eine zeitliche Dimension hat und wird auch damit einverstanden sein, dass menschliches Handeln von überindividuellen Interessen motiviert ist. Eine entsprechend kritische Philosophie, die mehr überblickt und vorausschauender denkt, wird aber auch danach streben, einen bestimmten Ablauf menschlichen Handelns zu entdecken bzw. dieses in einen größeren Zusammenhang mit einer breitenwirksameren Dynamik zu bringen. Eine solche Philosophie wird ebenfalls nach einer Dialektik voll spezieller Momente verlangen, die den Sinn des individuellen Lebens übersteigt und welcher die einzelne Person als höherer Macht unterworfen ist. So verstanden ist die „Geschichte" eine übergeordnete Seinsweise mit einer ganz besonderen inneren Logik, eine weit ausgreifende und umfangreiche Verkettung, die zwar individuelle Initiativen einschließt, sich aber nicht aus diesen erklären lässt.

Unter diesen beiden Gesichtspunkten betrachtet, dem gewöhnlichen und dem philosophischen, erscheint die Geschichte der Rumänen paradox. Ihre das Alltagsverständnis ansprechende Definition ist außerstande, die Bedeutungsvielfalt unserer Geschichte abzudecken. Die zweite Definition, die ihren Gegenstand perspektivisch bereichert, gleicht hingegen einem zu weiten Kleid, das schlecht sitzt, weil der darunter liegende Körper, also wiederum unsere Geschichte, einen geringeren Umfang hat. Die Idee von „Geschichtlichkeit" überragt die tatsächlichen Gegebenheiten. Das Problem ist heikel.

Ethnisch gesehen lebte im trajanischen Dakien eine recht gemischte Population, mit beachtlicher Volkskultur und einer nicht weniger beeindruckenden städtischen Zivilisation. Besonders die Volkskultur befand sich knapp vor ihrer Hochblüte. Die städtischen Knotenpunkte standen mit ihrer Dynamik und der weitreichenden Ausstrahlung ihrer Populärkultur anderen europäischen Gegenden, wo die „Geschichte“ solche schöpferischen Fieberschübe durchlebte, an Vitalität und Inspiration mit Sicherheit um nichts nach. Im trajanischen Dakien herrschten in jeder Hinsicht optimale Bedingungen für eine eigene, kraftvolle Entfaltung und Ingangsetzung von „Geschichte“ vor, sei es innerhalb des Imperiums oder unabhängig von ihm. Doch die barbarische Völkerwanderung brachte ein Durcheinander und zerstörte schließlich jede Möglichkeit einer geschichtlichen Fortentwicklung. Das damals beginnende Rumänentum bedeutet daher eine Art „Rückzug“ aus der „Geschichte“, aus deren Abwechslung und Dialektik, in ein Leben, das zwar nicht der Kultur oder der Form entbehrt, aber ungeschichtlich ist. Für einige Jahrhunderte musste das vorrumänische und später dann das rumänische Leben unter dem Druck von Ereignissen, die wie Blitze aus allen Richtungen in den Geist Dakiens einschlugen, auf „Geschichte“ verzichten und sich mit einer unzeitlichen, bloß organisch-seelischen Existenz zufriedengeben. Diese eigenartige Lebensform war dazu verurteilt, sich unter eingeschränkter Autonomie zu behaupten. Sie reichte gerade aus, die eigene Existenz zumindest passiv zu verteidigen. Auch genügte diese Lebensform gerade noch, bestimmte ihr immanente Möglichkeiten für bessere Zeiten aufzusparen. Das Vorrumänentum zog sich wie ein Schalentier in seine Behausung zurück, wo sich in jahrhundertelangem Schlaf die ersten Bestimmungsstücke der rumänischen Stilmatrix herausbildeten. Das Rumänentum trat manchmal in dörflichen Siedlungen, öfter aber in Bergweilern oder Schäferhütten in Erscheinung. Eine breitenwirksame Geschichte beruht aber immer auf einer durchorganisierten Bevölkerung. Eine auf höherer Ebene ablaufende Geschichte mit stilistischem Potential ist kaum ohne Dynamik vorstellbar, die von Zentren mit pulsierendem Leben ausgeht und auf dörflicher Kultur aufbauen kann. Dazu bedarf es einer Menge von motivierten Menschen ländlichen Typs bzw. einer wirksamen Infrastruktur als Grundlage. Die Lebensmittelpunkte mit ihrer gebündelten, anonymen Energie sind der wahre Kern oder zumindest die wichtigste Mitursache der eigentlichen Geschichte. Als die vorrumänische Bevölkerung Dakiens ihre schon fortgeschrittene und komplexe Zivilisation aufgegeben hatte, und dies nicht freiwillig oder aus eigenem Antrieb, erfolgte *eo ipso* ihr Rückzug aus der „Geschichte" in ein ungeschichtliches Leben. Dieses war wie ein bloß dahinvegetierender Organismus und verfügte nur über reduzierte stilistische Möglichkeiten. Dennoch lässt sich vermuten, dass diese Art von Bevölkerung nicht völlig kulturlos war. Sie verzichtete aber auf die äußere Kenntlichmachung von Kultur und darauf, ihr ein hochentwickeltes oder monumentales Aussehen zu verleihen. Aber gesetzt selbst den schlimmsten Fall, ihre Tradition hätte ab nun nur noch in einer bloß biologischen Erbfolge bestanden, so war es ihr dennoch je nach Umständen möglich, sich in bescheidenem Umfang zu äußern. Es kam einzig und allein darauf an, ihr Leben an die Vorgaben dieser ungeschichtlichen Periode anzupassen. Wie keine andere romanische Sprache hat das Rumänische Überreste aus diesem lang dauernden Rückzugsprozess aus der „Geschichte" in eine bloß „organische" Lebensform aufbewahrt. Man betrachte zwei rumänische Wörter, welche diesen Prozess bezeugen: „pământ" (dt. „Erde") und „bătrân" (dt. „alt"). (Anm. d. Übers.: Wie Blaga im Folgenden zeigt, haben beide rumänischen Wörter eine direkte Herkunft aus dem Lateinischen. Sie müssen daher auch in einer deutschen Übersetzung auf Rumänisch zitiert werden.) Das Wort „pământ" kommt vom lateinischen Wort „pavimentum", es bedeutet „Boden aus Stein und gepresstem Mörtel, Zimmerboden, Straßenbelag, Straßenpflaster aus Steinen oder Ziegeln"[28] Die etymologische Herkunft des Wortes „pământ" ist eindeutig geklärt. Umso interessanter ist die semantische Entwicklung von „pavimentum" zu „pământ". Wenn der bedeutende Historiker Giurescu versucht, den semantischen Wandel zu erklären, meint er, dass „die Vorfahren von der Dauerhaftigkeit dieser Wege und überhaupt der römischen Bauweise, die man so häufig in Dakien antrifft, dermaßen beeindruckt waren, dass sie dem Wort „pavimentum" … die sonst in keiner romanischen Sprache vorkommende Bedeutung von „pământ" gaben (ebd., S. 132). Diese Erklärung ist sicher ein guter Einfall, sie gibt aber unserer Ansicht nach den Bedeutungswandel von „pavimen-

[28] Vgl. C.C. Giurescu, *Istoria românilor,* I, 1. Aufl., S. 132. (Anm. d. Übers.: *Die Geschichte der Rumänen,* nicht ins Deutsche übers.)

tum“ zu „pământ“ nur teilweise wieder. „Pavimentum“ betrifft die städtische Zivilisation oder meint eine Zivilisation, die von städtischem Geist beherrscht wird. Der Begriff impliziert, dass die Bevölkerung ihre Geschichte in einem relativ monumentalen Ausmaß mitgestaltet. Diese Bedeutung des Begriffs geht jedoch zur Gänze verloren, wenn es zur Bezeichnung „pământ“ kommt, die, wie immer man die Sache drehen und wenden mag, nur noch auf etwas bloß Organisches abzielt, das keine höhere Geschichte mehr hat. Mehr als jedes andere Dokument zeugt diese Verschiebung vom Prozess des Rückzugs einer Population aus der „Geschichte“ auf einen bloß organisch bestimmten Bereich. Die Verschiebung von „pavimentum“ zu „pământ“ ist Beweis für eine totale Veränderung des Lebensstils, für ein Herabsinken von einem höheren auf ein niedrigeres Niveau. Dieser Umstand muss in seinem ganzen Umfang erfasst werden, umso mehr, als es dafür noch weitere Belege gibt. Es geht nicht um einen vorübergehenden, sondern um einen grundlegenden Wandel des Lebensstils, ohne Rückkehr zur einstigen Hochkultur, von der man sich verabschiedet hat. Sehr deutlich wird diese Änderung auch anhand der Bedeutungsverschiebung des Wortes „veteranus“ zu „bătrân“ sichtbar. Die Bedeutung von „veteranus“ (der Soldat auf Lebenszeit, der mit dem Recht auf Bodenbesitz in Pension gegangen ist) weist auf eine höhere Zivilisationsstufe mit Geschichte hin. Anders gesagt, kommt es durch diese Bedeutungsänderung im Rumänischen zum Wort „bătrăn“. Dieses Wort meint nur noch etwas Organisches und Ungeschichtliches. Jeder andere oder unterschwellige Sinn, der an „veteranus“ erinnern würde, geht verloren. Unsere Historiker und Philologen sind eingeladen, die semantische Entwicklung der verschiedenen rumänischen Wörter mit lateinischer Wurzel und höherer Zivilisationsgeschichte genauer zu untersuchen. Der von uns vermutete und in Betracht gezogene Fortgang der Entwicklung würde sich rasch bestätigen. Wir stoßen beinahe auf ein psychologisch-philologisches Gesetz, das folgendermaßen formuliert werden könnte: Lateinische Wörter, die Zeichen einer höheren geschichtlichen Zivilisationsstufe sind, verschwinden entweder ganz oder nehmen, ehe sie in den rumänischen Wortschatz eingehen, eine Bedeutung an, die überhaupt nur noch einem auf das Organische reduzierten Lebensstil entspricht. Dieser wirkmächtige Übergang einer Lebensform in die andere sollte mit gebührender Aufmerksamkeit erforscht werden.[29] Die lateinischen Wörter, die keiner höherwertigen geschichtlichen Zivilisation oder Lebensform entspringen, behalten in der rumänischen Sprache aber ihre ursprüngliche Bedeutung bei. (Z.B.: *granum*-grâu/dt. „Korn", *stella*-stea/dt. „Stern", *fulgur*-fulger/dt. „Blitz", *cicuta*-cucută/dt. „Schierling", *coelum*-cer/dt. „Himmel", etc.). Leichte Sinnverschiebungen sind nicht ausgeschlossen. Sie sind aber auf jeden Fall eher zufällig und lassen sich anhand ihres metaphorischen Gebrauchs erkennen. Einen anderen interessanten Beleg für den Rückzug der vorrumänischen Bevölkerung aus der „Geschichte" in ein bloß vor sich hinlebendes Dasein stellt das Wort „oaste"/dt. „Heer" dar. Es kommt von „hostis", das im Lateinischen bekanntlich „Feind" heißt. Die rumänische Bedeutung des Wortes „oaste" stammt somit aus einer Zeit, als die vorrumänische Bevölkerung ihr geschichtliches Niveau im Sinne von Staatlichkeit einbüßte und ein geschichtsloses, bloß organisches Leben zu führen begann und in einem Land dahinvegetierte, in dem die Heere immer nur diejenigen der Feinde waren *(hostis)*. Allmählich kam es dann zur heutigen Wortbedeutung „oaste". Wir würden uns mit diesem Phänomen nicht länger beschäftigen, wenn es nicht auch aus anderen Gründen noch von Interesse wäre. Inwiefern bezeugt dieser radikale Wechsel von höheren zu minderwertigeren Lebensformen dennoch eine Kontinuität des Rumänentums im trajanischen Dakien? Dieser so wirkungsvolle Wandel hätte südlich der Donau nicht solche Ausmaße angenommen wie nördlich von ihr. Da die vorrumänische

[29] Hier einige Wörter, die zur Diskussion dieses Themas herangezogen werden könnten. In erster Linie ist es das Wort „cuvânt" selbst, das von „conventum" kommt. (Es bedeutet eine Übereinkunft, eine Zusammenkunft; im Französischen meint „conventum" den „Konvent" in einem Kloster). „A depărta" (dt. entfernen) = „de quartare" (von „quartus"), was soviel bedeutet wie „aus einem Stadtviertel vertreiben". „Femeie" (dt. Frau) = „familia" (als juridischer Begriff). Die Etymologien werden bei Blaga zitiert nach (unter deutschem Titel erschienen): *Etymologisches Wörterbuch der rumänischen Sprache. Lateinisches Element mit Berücksichtigung aller romanischen Sprachen,* von Sextil Puşcariu, Heidelberg 1905.

und dann auch die rumänische Bevölkerung südlich der Donau im römischen Reich, d. h. innerhalb seiner Grenzen verblieb, war sie das ganze Mittelalter hindurch auf die eine oder die andere Weise viel mehr am „geschichtlichen“ Leben beteiligt als im Norden. Dies spricht für die von uns aufgestellte Behauptung, dass nördlich der Donau der Bedeutungswandel der Wörter leichter vonstatten ging. Mit aller gebotenen Vorsicht weisen wir damit nur auf ein Problem hin, das mit dem ganzen der Wissenschaft zur Verfügung stehenden Apparat angegangen werden sollte. Es wäre lohnenswert, unser gesamtes Vokabular in dieser Hinsicht durchzugehen, d. h. die semantischen Ablagerungen der Wörter zu untersuchen, die durch den Rückzug aus der Geschichte auf ein bloß organisches Stadium zustande kamen.

Geographische Gründe spielen hier eher eine Nebenrolle. Einige mehr an Katastrophentheorien interessierte Historiker stellen sich diese Flucht als einen vollständigen Rückzug ins Gebirge vor, andere wiederum mildern das grausame Geschehen dahingehend ab, dass die Menschen sich lediglich in den Wäldern der Ebene versteckt hielten. In beiden Fällen geht es aber nicht um einen Rückzug in diese oder jene Gegend, sondern um das Verschwinden der Geistigkeit einer Population, die auf ein höheres geschichtliches Niveau verzichtet und sich in ein minderwertigeres Leben im Sinne eines bloßen Organismus hinüberrettet. Von da an wird der geschichtsträchtige Boden Dakiens von anderen Völkern besetzt, die sich hier, je nach Abstammung und Glück, über kurz oder lang niederlassen. Sie werden die Herrschaft übernehmen, indem sie die ganze Zeit den Rhythmus und die Dynamik der „Geschichte“ vorgeben. Stämme entquellen dem Füllhorn der Völker, germanische, hunnische, slawische, bulgarische, avarische, petschenegische, kumanische und ungarische Stämme, sie alle sind gekommen, haben Halt gemacht, sind weitergezogen oder geblieben. Viele der Verbliebenen gerieten in den anonymen Sog der bodenständigen Bevölkerung, die auf keine Weise in die „Geschichte“ hineingezogen werden wollte. Darin bestand das auffälligste Merkmal der autochthonen Population. In der Tat zeigt sich bei den Vorrumänen und den Rumänen fast tausend Jahre lang eine Bereitschaft zur Selbsterhaltung, die man als Boykott der Geschichte bezeichnen könnte. Sie versammeln sich nicht in organisierten Massen zwecks breitenwirksamer Aktionen, um in die Geschichte einzugehen. Eine Bevölkerung, in der noch eine Zeitlang, wenn auch nur vage, die Erinnerung an eine höherwertige Daseinsweise fortlebte, leistete, sogar ohne diese Erinnerung, instinktiv Widerstand gegen jeden Versuch, aus diesem ruhig vor sich hinvegetierenden Leben herausgerissen und in die Wirbel und Strudel der Geschichte hineingestürzt zu werden. Die Bevölkerung fühlte, dass diese Art von Geschichte mit ihrem unbeständigen Auf und Ab nicht die ihrige sein konnte. So war es auch der Fall bei den Rumänen. Ab einem gewissen Zeitpunkt waren sie nicht nur an eine bestimmte Landschaft, sondern auch an einen inneren Horizont gebunden, der ihren Stil bestimmte. Es entwickelte sich ein seelisches und materielles, religiöses und kulturelles Leben, und, bald mehr, bald weniger, eine natürliche Autonomie auch unter ungünstigen Umständen, aber immer nur bis zum Ufer des Flussbetts, in dem die „Geschichte" mit hohem Wellengang dahinfloss. Der innere Horizont dieser Population war der „mioritische". Er wurde als eine Art Schicksal empfunden und stand oftmals in Verbindung mit der natürlichen Umwelt (Hochgebirgsweide), in der sich der Rumäne saisonbedingt aufhielt. In sozialer Hinsicht konnte sich dieser Horizont nicht allzu weit ausdehnen, da er von einer höheren Herrschaft überlagert wurde. Er verstand sich als „Heimat". Gewöhnlich war diese ein Tal zwischen Hügeln und Anhöhen. Fast war sie ein Wunder der Natur, die wie ein Fluss von seinen beiden Ufern zusammengehalten wurde und so die Einheit des vielfältigen mioritischen Raums garantierte. Die Selbstständigkeit dieser unter Fremdherrschaft stehenden Einheiten war beachtlich. Bis zum Boykott hin leistet die rumänische Bevölkerung Widerstand gegen diese äußere Macht. Der Boykott war instinktiv und wurde nicht bewusst organisiert. Der Fremdherrschaft, die wie ein Unstern am Himmel umherzog, gelang es nie, die Rumänen in die Stürme ihrer Geschichte hineinzuziehen. In dieser Verweigerung von Geschichte und im ruhig weiterglimmenden Feuer unterhalb von verbrannter Erde bestand die große Weisheit unserer Vorfahren, welche die rumänische Volkskultur auch wieder aufblühen ließ. Als die Lage eine Entspannung zugelassen hatte, atmeten die rumänischen Landesteile auf und versuchten sich auszudehnen. Im neunten Jahrhundert fanden die Ungarn bei ihrer Ankunft rumänische Woiewode (Anm. d. Übers.: „Herrschaftsgebiete“) und Knesate (Anm. d. Übers.: „Grafschaften“) vor, die gerade aus eigener, vielversprechender Initiative am Anfang ihrer „Geschichte“ standen. Die Niederlassung der Ungarn sowie der Druck der Petschenegen und Kumanen verhinderten aber von Neuem die Entfaltung dieses historischen Potentials auf Dauer von noch einmal tausend Jahren in Siebenbürgen und einigen Jahrhunderten in der Walachei und der Moldau. Dreihundert Jahre nach der Einnahme der für die Ungarn am besten geeigneten Ebene, dem Feind aufzulauern, gibt es dort aber, also in der Walachei, gleichfalls zweifelsfreie Anzeichen für einen, wenn auch zögerlichen und bescheidenen Versuch der Rumänen, eine Art Staat zu bilden. Eine dieser Formationen – man weiß nicht näher wie und wodurch – gibt dann plötzlich den entscheidenden Ausschlag für die kühne und machtvolle Initiative, die rumänische Bevölkerung auf eine höhere, geschichtsmächtigere Ebene zu heben. Die rumänische Stilmatrix lebt auf und versucht reife Früchte heranzuzüchten, gleichsam edle Pfropfreiser auf einen wilden Stamm zu setzen. Es ist kaum in Worte zu fassen, wie konsequent und geradlinig, aber auch ausdauernd die ersten Initiatoren der rumänischen Geschichte Schritt für Schritt ihre Ziele verfolgten. Nicht weniger interessant ist allerdings der Umstand, dass nach dem Verlust der Souveränität des Römischen Imperiums über unseren Lebensbereich die rumänische Bevölkerung es von Neuem wagte, sich eine Geschichte innerhalb eigener Grenzen, aber unter tragischen Umständen, zurechtzulegen, weil sie unfreiwillig unter dem Druck einer anderen imperialen Macht, derjenigen der Mongolen, zustande kam. (Man fragte sich, ob sich nicht Ähnliches bei den teutonischen Rittern abspielte, einer Handvoll Menschen, die sich aufgrund ihrer Ortskenntnisse ebenso gut organisieren konnten, aber schließlich besiegt wurden). Die Erinnerung an diese Zeit ist nur in Form von Bildern und Hypothesen möglich. Sicher ist nur, dass es sich um einen Aufbruch handelt, der nur mit dem Aufgehen eines Keims vergleichbar ist. Es ist ein nach vorwärts drängendes Wachstum, ein von kräftigen Geburtswehen begleitetes Stadium, in dem sich zwischen den Karpaten und der Donau in der zweiten Hälfte des 13. Jahrhunderts ein Staat samt zugehöriger Geschichte herausbildet. Ein ganz auf die Zukunft gerichteter Prozess setzte ein, der das genaue Gegenteil zu demjenigen war, der tausend Jahre vorher ablief. Die Vergangenheit geriet endgültig in Vergessenheit. Die seltenen Überreste fanden sich in Fabelwesen, den Riesen. Es begann ein neues Zeitalter. Man kann davon ausgehen, dass es für diesen Beginn linguistische Belege gibt. Es ist nicht auszuschließen, dass sich damals die Bedeutung von „ţară“ (dt. Land) im Sinne von „Staat“ verfestigte, nachdem sich die ursprüngliche Bedeutung vom lateinischen Wort „terra“ („Erde“) hergeleitet hatte. Es handelt sich hier um einen Bedeutungswandel von einer bloß organischen Lebensweise (terra) zu einer höheren, geschichtlichen Lebensform (ţară). Es zeigte sich Morgenröte und ein Anwachsen des Gefühls räumlicher Ausdehnung von den Fürstentümern Seneslau bis Tihomir, von diesem wiederum zu Basarab, von Basarab schließlich zu Mircea dem Alten. Nur wenige Jahrzehnte später als in der Walachei kommt derselbe Prozess auch im nördlichen Rumänentum, in der Maramuresch und der Moldau, in Gang. Von Dragosch zu Bogdan, unter den Muschatinen bis zu Stephan dem Großen, kam es zu einem ausufernden Raumgefühl. Ab nun ist der „Staat“ kein fremdartiges Gebilde mehr, das im Volk nicht verankert wäre, sondern zu dessen bestmöglichem Schutz existiert und, mit beachtlicher Kontinuität aufblühend, den Begriff „Geschichte“ am reinsten verkörpert. Das wellenförmig, im Halbdunkel verlaufende Leben Stephans des Großen, mit seinen auf blutgetränktem Boden von tellurischer Kraft errichteten Gebäuden, andererseits mit seinen von Licht durchfluteten Kirchen und allen sonstigen Geschöpfen, vom Drachen bis zum Erzengel, offenbaren gemeinsam ein kurzes Stück Ewigkeit in unserer Geschichte. Wir gehen auf heiliger Erde: Wahrhaftig, eine Substanz von historischem Format. Es handelt sich um ein Leben mit wirkmächtiger Geschichte, das dem Leben von mittelalterlichen Herrschergeschlechtern, wie etwa den Hohenstaufern, um nichts nachsteht, wenngleich durch die Macht der Umstände geringer dimensioniert ist. Die Dynamik, das Genie, die Energie, die Herrscherwürde, der Geist der Initiative und die außergewöhnliche Vitalität, die Stephan der Große in seinem geschichtlichen Sendungsbewusstsein zum Einsatz brachte, hätten aber ausgereicht, einen moldauischen Raum vom Ausmaß eines Imperiums zu schaffen. Stephan verfügte im Überfluss über all jene Fähigkeiten von langem historischen Atem, die zur Gestaltung eines solchen fürstlichen Gebiets nötig waren. Die ungewöhnlich schwierige Lage in Folge der unaufhaltsamen türkischen Expansion drängten ihn aber großteils, wenn auch mit Unterbrechungen, in die Defensive und Reaktion, um wenigstens das schon Erreichte zu halten. Keine andere Epoche bzw. kein anderer Augenblick unserer Vergangenheit vermittelt uns so deutlich das Gefühl von Größe, zu der es die rumänische Geschichte hätte bringen können. Aber in dieser alles entscheidenden Phase hatte unsere Geschichte nicht das Glück, sich friedlich zu entfalten, denn die Geschichte verläuft nun einmal nicht friedlich. Sie hatte aber dennoch das Glück, dass sie von schweren Ereignissen verschont und in ihrer Entwicklung nicht an Leib und Leben von überwältigenden Schicksalsschlägen getroffen wurde. Stephan der Große war dazu berufen, einen rumänischen Kosmos zu schaffen. Seine Willenskraft und schöpferische Intuition, die bei allem, was er für sein Land tat, am Werk waren, hätten, bedenkt man die wenige Zeit, die ihm seine triumphalen Verteidigungskriege noch übrigließen, nicht so brutal in ihrer natürlichen Entwicklung zerschlagen werden dürfen. Unter der Herrschaft Stephans haben sich auf erstaunliche Weise die byzantinische und gotische Architektur an die vorherrschende Lebenswelt mit ihrem Lokalkolorit angepasst; diese neuartige Synthese mit ihren schlichten Formen wurde bedauerlicherweise vorzeitig abgebrochen. Wie viele Möglichkeiten gingen hier zugleich mit der Herrschaft Stephans verloren, wie viele stilistische Potentiale für ein gelingendes Zusammentreffen von östlicher und westlicher Kultur auf architektonischem und metaphysischem Gebiet. Selbst die rumänische Seele war, dank der Kirchen und Klöster, die sich so anmutig und würdevoll in sie integrieren, unterwegs zu einer „Natur-Kirche" von pittoreskem und sonnig-sophianischem Aussehen. Aber sowohl die Schaffung eines imperialen Raumes wie auch die Anlagen zu einer Monumentalkultur (deren Grundlegung im Volk zugleich mit der Christianisierung der Rumänen erfolgte), wurden durch gewaltige Blitze, die sinnlos in die Geschichte der Menschheit einschlugen, zunichtegemacht. In den Lehrbüchern betitelt sich diese geschichtliche Absurdität als die

„Expansion des otomanischen Reichs“. Die folgende Unterbindung jeglicher Entwicklung der rumänischen Kultur war von langer Dauer. Doch eine zweite, so günstige Gelegenheit zum Aufstieg der rumänischen Stilmatrix zur Hochkultur sollte nie wieder kommen. Die Sternstunde von damals war einzigartig und wiederholt sich nicht, niemals mehr! De facto handelt es sich nun um den Schlussakt des Dramas, das sich zu jener Zeit abspielte. Aber die Tragödie bestand nicht darin, dass sich das Land in der einen oder anderen Form einer fremden Macht zu unterwerfen hatte, sondern dass durch diese Unterwerfung in einem ganz entscheidenden Moment die Möglichkeit einer organischen und natürlichen Entfaltung des Rumänentums ein für alle Male verlorenging. Es beginnt die wirkliche „Krise“ des rumänischen Volks, die sich seit vierhundert Jahren von Generation zu Generation auf verschiedene Weise fortpflanzt. Der Grund für diese Krise besteht in der Unterbrechung der natürlichen Evolution, die so vielversprechend und auf höherem Niveau in der Zeit der Woiewoden bis zum 16. Jahrhundert anhielt. Das Genie, die Tapferkeit und die kriegerischen Taten Stephans des Großen konnten den natürlichen Aufstieg des rumänischen Volks nicht mehr garantieren. Er konnte seinen Nachfolgern nur den rückwärts gewandten Traum unerfüllter Möglichkeiten hinterlassen. Sein Wirken, wie auch dasjenige von Mircea dem Alten vor ihm in der Walachei, und auch die späteren heroischen Taten von Michael dem Tapferen, jenem Heiducken (Anm. d. Übers.: „Heiducken“ sind ein wildes Räubervolk, das die Reichen ausplünderte und den Armen half) und Kreuzfahrer in einer Person, der einen Augenblick lang das Schicksal des rumänischen Volkes zu dessen Gunsten wendete, konnten die „Evolution“ unserer Geschichte nicht retten. Es war ihnen nur möglich, den rumänischen Geist von Neuem nach innen zu richten. Aber auch dies ist eine Leistung. Der rumänische Geist zog sich noch einmal aus der „Geschichte“ zurück und spielte scheinbar nur noch eine Nebenrolle. Es kommt, mit anderen Worten, wieder einmal, wenn auch in geänderter Form, zu einem Boykott der Geschichte, der je nach Region anders ausfällt. Was sich unter Stephan schon in die Richtung eines organischen Staatsgebildes und zu einer höheren Kultur entwickelt hatte, wird wiederum zu einer ungeschichtlichen Lebensweise, zu einer bloß bäuerlichen Kultur, mit gelegentlich zwar aufblühender Stilmatrix von respektabler Intensität, allerdings nur auf geringerem Niveau. Wir werden ab nun wieder Zeugen einer für den Rumänen typische, hunderte Jahre lang anhaltende Verweigerung von Geschichte. Tröstlich an dieser Reaktion ist lediglich die Vitalität und der Überlebenstrieb des Volkes. Nicht alle Völker, die ein trübes Schicksal ereilt, oder die besiegt und unterjocht werden, zeigen eine solche Stärke auf ihrem Rückzug ins Innenleben, in ihrer „Involution". Aus dem Studium der Vergangenheit gewinnt man sogar den Eindruck der Seltenheit solcher Völker. In der Tat lassen sich die meisten Völker, besonders die kleinen, nach ihrer Besiegung darauf ein, die „Geschichte", die mit ihnen über ihre Köpfe hinweg und gegen sie ihr Spiel getrieben hat, mitzugestalten. Üblicherweise führt dies zum Verschwinden der Völker, wenn nicht physisch, dann zumindest seelisch-geistig. Indem das rumänische Volk in seiner Verinnerlichung die „Geschichte boykottiert", glost aber sein Lebensfeuer weiter. Es lebt wie ein Organismus vor sich hin. Dies verhindert jedoch keineswegs, dass die bäuerliche Kunst, die Architektur der Gemeinde, die Poesie und das Volkslied in dieser „ungeschichtlichen" Periode sogar schöne Blüten treiben. Richtig ist, dass diesmal der Rückzug aus der Geschichte nicht so total war wie im Mittelalter. Eine sogenannte Elite, die sich nicht enthielt, an einer elenden, von Fremden an Stelle von Rumänen inszenierten „Geschichte" teilzunehmen, gefiel sich darin, manchmal schon ziemlich verdammenswert, eine Art „Ersatz-Geschichte" zu erzeugen. Aus dem subtilen Gewebe der Wörter mit all ihren über das Land verteilten zugespitzten Bedeutungen bildet sich sogar eine Literatursprache, deren Aufgabe es ist, die demutsvollen religiösen Schriften (besonders die Bibelübersetzungen) und die Texte der Chronisten (Miron Costin, Ion Neculce) feierlich auszuschmücken. Diese Art des Kulturlebens mit seinem so schwer errungenen inhaltlichen Maximum, mit seinen Mängeln und seiner Gezwungenheit, hinterlässt den bitteren Nachgeschmack, dass alles anders hätte kommen sollen, als es tatsächlich geschah. In den Nischen der Geschichte anderer Völker finden auch „rumänische" Ereignisse der Politik statt. Sie sind aber eher „Abenteuer" als wirkliche „historische" Geschehnisse. Abenteuer dürfen aber, und wären sie auch von noch so großer Symbolik, keinesfalls mit der Geschichte verwechselt werden. Zu diesen quasi-historischen Abenteuern gehören auch die eher umwölkten als sternklaren Träume von einem byzantinischen Reich, die Vasile Lupu hatte, ein Herrscher mit zweifelsfrei guten Ideen, der aber, um sie umzusetzen, zu eitel und zu sehr dem hohlen Glanz verfallen war. Ebenso abenteuerlich sind aber auch die politischen Fehler des genialen Dimitrie Cantemir. Sie sind es aber nicht deshalb, weil er in einem entscheidenden Augenblick der Geschichte des Ostens nicht klar voraussah, wer den russisch-türkischen Krieg gewinnen würde, sondern deshalb, weil er nicht erkannte, dass gerade im Falle eines Sieges von Peter dem Großen, dem unberechenbarsten Zaren der Russen, dieser das Erbe der Herrscher des Ostreichs antreten wolle und er, also Cantemir, dazu verurteilt wäre, das zu werden, was schließlich auch aus ihm geworden ist: ein einfacher Berater des Zaren. Das Urteil über rumänische Fürsten fällt indessen milder aus: Es ist ihnen ja nur ausgleichendes Handeln und verbindende Diplomatie erlaubt, zwar auch Intrigen zu spinnen und sich auf Abenteuer einzulassen, dann und wann auch Wohltaten zu erbringen, niemals aber „Geschichte" zu machen. Nur die Herrschaft und das Werk von Constantin Brâncoveanu, einer wunderbaren Mischung aus Renaissance und Byzantinismus, von barockem und orientalischem Stil auf der Grundlage rumänischer Kultur und des Christentums, beruhigen das Gemüt darüber, was eine wirkliche Epoche der rumänischen „Geschichte" hätte sein können. Wenn wir im Rahmen unserer anfänglich angegebenen Kriterien bleiben, so müssen wir festhalten, dass sich nach Michael dem Tapferen in den rumänischen Fürstentümern keine „Geschichte" mehr ereignete. Die Volksseele wendete sich nach innen und hatte es, obwohl sich selbst überlassen, manchmal sogar noch zu erstaunlicher Blüte gebracht, wenn auch auf niedrigerer Ebene. Alles, was sich oberhalb dieser Ebene abspielte, kann man bestenfalls als „quasi-historisch" bezeichnen. Diese Periode des stillen Leidens und der Kleinmalerei, der Balladen, nicht aber der Epen, hatte gewiss ihre Chronisten, aber sie kann bis heute auch nur solche haben, denn ihr fehlt es an Profil und Gewicht, um an sie „historische" Maßstäbe anzulegen. Es scheint aber, dass das Volk auch in diesem Zeitabschnitt eine gewisse „Sehnsucht" nach „Geschichte“ hatte: Das Leben und die Taten der Heiducken nehmen jetzt den Platz in der Geschichte und im Epos ein. Es ist die Zeit, wo die Balladen der Heiducken in Hochblüte stehen und jene Zeit, deren Geschehnisse sich nach dem Leben der Heiducken oftmals genauer einteilen ließe, wenn wir nur bessere Aufzeichnungen darüber hätten, als nur nach dem Kalender von Kurzzeitherrschern gehen zu müssen. In Siebenbürgen wurde andererseits alles, was geschichtliche Größe hätte annehmen können, in hybrider Weise verfremdet. Johann Hunyadi, eine großartige Persönlichkeit, machte, obwohl großteils mit rumänischen Kriegern, ungarisch-europäische Geschichte.

Sein Sohn Mathias Corvinus wurde aus seiner Ethnie völlig herausgelöst und fand sich in einer „Renaissance“ von fremdartigem Geist wieder. Die einzigen Rumänen aus Siebenbürgen, die „Geschichte“ machten, fühlten sich unglücklicherweise zu Flaggen hingezogen, die unser Geschick nur indirekt betreffen. Bei diesen Rumänen handelt es sich leider um Ausnahmen, die aber dennoch hinlänglich das Ausmaß unserer geschichtsschöpferischen Fähigkeiten voll und ganz unter Beweis hätten stellen können. Diese Beispiele sollten auch nicht vergessen werden, wenn es darum geht, die Fähigkeiten einer ganzen Ethnie aufzuzeigen. Unabhängig davon, was einige seiner sonderlichen und entfremdeten Söhne an Nebenerfolgen erzielt haben mögen, das rumänische Volk Siebenbürgens setzte instinktiv den Boykott der Geschichte fort, indem es sich auf eine bloß organische Lebensform mit ethnographischer-religiöser Kultur zurückzog. Dabei ist hervorzuheben, dass der Boykott der Geschichte in keiner anderen Provinz so hartnäckig und konsequent ausfiel wie in der rumänischen Bauernschaft Siebenbürgens. Dafür gibt es glänzende Belege. Gewiss war die Reformation eines der geschichtsumwälzendsten Ereignisse in Europa. Sie führte zu enormen Veränderungen des Seelenlebens, der Kultur und Politik des Kontinents. Wie man weiß, war Siebenbürgen eines der ersten Länder, in die der neue Geist Einzug hielt. (Bei der Vielfalt religiöser Vorstellungen macht Siebenbürgen bis heute der Schweiz Konkurrenz.) Sporadisch drangen die Hussiten ein, in Massen die Protestanten, die Calvinisten, da und dort die Unitarier, und den Katholizismus und die Orthodoxie gab es schon vorher. Fast alle dieser Richtungen, die sich aus Fanatismus jeweils für die einzig gültige Lehre der Errettung hielten, versuchten auch die Rumänen zu reformieren. Hätten diese die Reformation in irgendeiner Weise akzeptiert, so ist klar, dass sie vom Reformfieber angesteckt und von einem höheren Schicksal besiegt worden wären. Wenn aber irgendwo ein Beweis für den eklatanten Boykott der Geschichte als Haltung und Reaktion der Rumänen vorliegt, dann in diesem Fall. Obwohl die Rumänen die zahlreichste, aber zugleich auch die an Rechten ärmste Population Siebenbürgens war, widerstanden sie der in vielen Varianten auftretenden Versuchung. Geschlossen blieben sie auf Distanz zur Reformation. Die Sachsen traten einstimmig über, die Ungarn und Szekler massenweise. Die Rumänen harrten in ihren seit urdenklichen Zeiten bewohnten Dörfern aus und missachteten den Schlag der Weltenuhr. Dasselbe spielte sich auch im 18. Jahrhundert ab, als der staatliche Katholizismus jahrzehntelang versuchte, die Rumänen in die Geschichte hineinzuziehen. Der Katholizismus scheiterte aber, weil die Bekehrung eines Teils der Rumänen nur der neue Anstrich einer Fassade gewesen wäre. Die Vereinigung mit Rom hätte weder den religiösen Geist noch den kulturellen Stil beeinflusst. Überhaupt haben sich die Rumänen bewusst aus einer Geschichte herausgehalten, die nicht Ausdruck ihres Wesens war. Nicht weniger aber setzten sie sich mit aller Kraft und elementarer Gewalt zur Wehr, wenn sie das für sie typische Leben ohne Geschichte, ihren kulturellen Stil, eine vorausgeahnte Zukunft und ihre bescheidene Autonomie durch Fremdherrschaft bedroht sahen. Um die Mitte des 18. Jahrhunderts schart der von zwölf Heiducken wie von zwölf Aposteln bewachte Mönch Sofronie die orthodoxe Bauernschaft Siebenbürgens um sich und wiegelt sie wie ein ungekrönter Fürst und absoluter Herrscher über einen Großteil der dortigen Bevölkerung zum Kampf für die Verteidigung der Orthodoxie auf. Es spielte sich eine Art Spezialgeschichte ab, eine „Reaktion" auf alles, was von außen kam. Die übliche Haltung eines Boykotts von Geschichte nimmt dann und wann auch historische Ausmaße an. Die Teilnahmslosigkeit gegenüber der Geschichte wird kurzzeitig durch passiven Widerstand in Form organisierter Reaktion unterbrochen. Ähnliches ereignete sich, wenngleich nicht nur im religiösen, sondern auch im sozioökonomischen und nationalen Bereich, in der Revolution durch Horia (1784), und später, ohne religiösen Anteil, im aktiven Widerstand, den Avram Iancu (1848) leistete. Der im weiten Sinn zu verstehende Boykott von Geschichte kam im Grunde nur dann zum Ausbruch, wenn es um die Verteidigung von Seele und Haus des rumänischen Dorfes ging.

Am Anfang des 19. Jahrhunderts tauchten nach der französischen Revolution und dem napoleonischen Erdbeben, zugleich mit dem allgemeinen Aufleben der nationalen Idee in Europa, die ersten Anzeichen für ein bewusstes politisches Handeln unter rumänischer Herrschaft auf, das, konsequent, programmgemäß und von Glück begleitet, mit strenger Logik vollzogen sowie vom Schicksal begünstigt, nach gut hundert Jahren schließlich zur politischen Einheit des rumänischen Volkes führen wird (1918). Die wichtigen und notwendigen Schritte in der Abfolge und immanenten Strategie dieser Vervollständigung bestanden in der Vereinigung der rumänischen Fürstentümer und der Erlangung der politischen Unabhängigkeit des Altreichs. Ab dem Zeitpunkt, in dem sich ein politisch unabhängiges Rumänien konstituierte, konnte sich das rumänische Dorf, als Heimstatt der rumänischen Volksseele, ohne Weiteres entfalten und den Boykott von Geschichte beenden. Es schlug den Weg einer Aufwärtsentwicklung ein, um den Staat mit eigenen Ideen und stilistischen Formen zu bereichern. Die dörfliche Kultur aber, obwohl zu neuem Leben erwacht, konnte diesen Weg nicht so schnell zurücklegen, wie es vonseiten der europäischen Staaten mit ihrer komplexen Verflechtung nötig gewesen wäre. Es hätte für seine Entfaltung wie jede natürliche Evolution mehr Zeit gebraucht. Diese verständliche Verzögerung war aber Ursache dafür, dass in den Staat ein künstlicher, fremdartiger und unpassender Stil eindrang. Auch war eine natürliche Entwicklung dadurch unmöglich, dass sich zu dieser Zeit die europäische Kultur schon vollkommen entfaltet hatte. Wir eroberten unsere Unabhängigkeit zum Teil zwar aus eigener Kraft, gleichzeitig waren aber auch europäische Strömungen am Werk. Wir konnten uns daher als Staat nur behaupten und weiterentwickeln, indem wir uns Europa anschlossen und Zustände akzeptierten, die wir nicht näher überprüft hatten. Das rumänische Dorf, die Hüterin unserer stilistischen Matrix, blieb dabei hinterher; es zog sich in eine heilige, aber auch merkwürdige Ruhe zurück. Ja, es konnte nicht anders. Eine natürliche Entwicklung folgt still und leise geheimnisvollen Regeln. Sie lässt sich weder befehlen noch künstlich beschleunigen. Andererseits wäre es unklug gewesen, sich gewissen europäischen Normen zu widersetzen und neuerlich Gefahr zu laufen, die eigene Kultur zerstören zu lassen. Wir sollten uns noch eine Zeitlang in Geduld üben. Denn mit seiner stilistischen Matrix befindet sich das Dorf in der Offensive gegen alles, was nicht unserem Wesen entspricht. Allmählich wird das Dorf unser Leben in materieller als auch geistiger Hinsicht auf ein höheres Niveau heben und mit eigener Substanz bereichern. Vielleicht hören wir den Ruf zu Wachstum und Fortschritt noch nicht deutlich genug.

Vorbildhafte und motivierende Einflüsse

Das 19. Jahrhundert ist ein Verzeichnis aller Etappen und Umschwünge der politischen Emanzipation des rumänischen Volkes, die mit dem Ende des großen Krieges (Anm. d. Übers.: 1. Weltkrieg) mit einem Schlag abgeschlossen und an ihrem Ziel angekommen war. Der Weg zur Freiheit mit seinen unvermeidlichen Zugeständnissen an die Lage und die Bedingungen des Zeitalters hat uns von Anfang an dazu gezwungen, bestimmte europäische Einflüsse auf geistigem und zivilisatorischem Gebiet zu akzeptieren. Wenn wir einige der uns nicht gerade sympathischen Weltbilder beurteilen, die wir bei der Renaissance unseres Volkes bereit waren zu übernehmen, so sollte man nicht den positiven Aspekt außer Acht lassen, dass dieser für unsere eigene Existenz entscheidende Prozess der Anpassung ohne unsere entschlossene Eingliederung in die europäische Kultur und Zivilisation nicht hätte stattfinden können. Die Ergebnisse dieser Eingliederung sind gewiss denkwürdig, manchmal sogar höchst beachtenswert, und deren weniger gute Seiten werden durch ein unvergleichliches Maß an Freiheit wettgemacht. Ein Blick auf unser Umfeld tröstet uns, wenn man so will, mit ein wenig Schadenfreude darüber hinweg, dass nicht nur wir einen solchen Prozess mit zwei Seiten, einer Tagseite und einer Nachtseite, durchmachten: nämlich den Prozess der Selbstbestimmung und denjenigen der Nachahmung. Desgleichen leiden nicht nur wir unter den auf der Hand liegenden Fehlern, die vor allem die soziale Oberschicht während der langen Zeit unserer Abhängigkeit begangen hatte. Dieselben Verfehlungen bedrücken in verschiedenem Ausmaß auch die uns umgebenden Völker, sogar dann, wenn sie diesen weniger ausgesetzt waren. Wir müssen uns also keineswegs einer Unrechtmäßigkeit bezichtigen, sollten aber auch nicht die Not zur Tugend machen. Ohne in Romantik zu verfallen, können wir sagen, dass wir seit dem Begräbnis von Stephan dem Großen keine wirkliche „Geschichte" mehr hatten. Unsere Geschichte konnte nur noch eine Als-Ob-Geschichte, eine Pseudohistorie, eine Verirrung oder eine Reaktion sein, aber keine Geschichte mehr mit einer natürlichen Entwicklung. Zu den spürbarsten Mängeln, die uns in der Periode der Abhängigkeit belasteten, gehörte sicher derjenige, dass wir keinen Ausblick auf die Zukunft mehr hatten, und der zeitliche Horizont für eine Höherentwicklung abhandengekommen war. Improvisation und Kreativität miteinander zu verwechseln ist ein alter Irrglaube, dem wir in unserer eigenen Unzulänglichkeit noch immer aufsitzen.

Unsere Eingliederung in das Netz europäischer Normen erfolgte durch die unbedingte, gelegentlich sogar programmgemäße Akzeptanz von westlichen, für segensreich gehaltenen Einflüssen. Diese speisten sich zunächst aus Erinnerungen an die Urahnen aus den romanischen Ländern; anfangs sporadisch aus Italien, später dann ständig, massiv und überwältigend aus Frankreich. Auch deutsche Länder versuchten, uns zu missionieren. Diese Aufgabe erfüllten sie manchmal durch unmittelbares Eindringen aus der Nachbarschaft (wobei diese ursächliche Verkettung nicht sehr weitreichend war), die Mission erfolgte aber auch durch die Beharrlichkeit von Menschen, deren Mentalität aus nördlicheren Gegenden stammte. Es ist aber jetzt nicht der geeignete Ort, uns näher mit der Gründung unseres Staates samt der dazugehörenden Änderung unserer Lebensumstände zu beschäftigen; diesbezüglich hätten wir auch nicht viel zum ohnehin schon Bekannten hinzuzufügen. Dennoch wollen wir einige Wörter zu den geistigen Einflüssen verlieren. Wir werden versuchen, den grundlegenden Unterschied zwischen dem französischen und dem deutschen Einfluss aufzuzeigen. Seit einem Jahrhundert wurde ersterer ständig, zweiterer gelegentlich auf unser kulturelles Leben ausgeübt. Sowohl seitens rumänischer als auch fremder Kulturhistoriker wurden selbstverständlich die in der rumänischen Seele hinterlassenen Spuren dieser Einflüsse, manchmal sogar etwas übertrieben, dargestellt, es wurde aber die Frage nach ihrer Charakteristik nicht aufgeworfen. Man hat nur allgemein behauptet, dass die französische Einwirkung stärker und nachhaltiger war, was ja auch tatsächlich stimmt. Wir werden aber weiter unten sehen, dass der Unterschied zwischen den beiden Strömungen nicht nur einer des Grades, der Intensität oder der Breitenwirkung, sondern einer der Art und der Qualität ist. Dieser Aspekt blieb, hoffentlich nicht mit Absicht, stets unerwähnt.

Zunächst werde Einiges über die französische und die deutsche Kultur gesagt, sowie ein kurzer Blick auf deren Einflussmöglichkeiten geworfen. Beide Kulturen, die französische und die deutsche, verkörpern in ihren Höhen und Tiefen zwei tragende Säulen sowie entscheidende Stützen des europäischen Geistes. Sowohl die französische als auch die deutsche Kultur haben eine „Geschichte" mit relativ natürlicher Entwicklung, die sich durch Jahrhunderte ohne gravierende Verformungen entfalten konnte. Beide Kulturen haben ihre Epochen mit Übergangsstadien und sind durch ein höheres geschichtliches Niveau gekennzeichnet. Die zeitliche Aufeinanderfolge ihrer Stilrichtungen erfolgt keineswegs im Gleichschritt. Bald bleibt die eine, bald die andere zurück. Auf einigen Gebieten ergreift Frankreich die Initiative, auf anderen das deutsche Reich. Besonders beachtenswert ist der Umstand, dass die korrespondierenden Stilrichtungen in Frankreich und im deutschen Reich immer denselben Unterschied aufgrund einer ethnischen Charakteristik aufweisen. Dieses Unterscheidungsmerkmal tritt jedes Mal in Erscheinung, ob es sich um Gotik, Klassizismus, Barock, Rokoko, Romantik oder Symbolismus handelt. Der Unterschied zwischen der französischen und der deutschen Gotik, dem französischen und dem deutschen Klassizismus, dem französischen und dem deutschen Barock lässt sich immer auf den gleichen Nenner bringen. Er lautet: Der Franzose ist in allen stilistischen Ausprägungen beherrschter, nüchterner, zurückhaltender und „klassischer" als der Deutsche. Dieser ist bei allem maßloser, exzessiver, partikulärer und „romantischer" als der Franzose. Die deutsche Gotik ist „romantischer" als die französische, das französische Barock ist „klassischer" als das deutsche. Der deutsche Klassizismus ist romantischer als der französische, dieser hat annähernd „akademisches" Niveau. Und so ließe sich weiterfahren. Wir glauben nicht, dass es in der gesamten Geschichte dieser beiden Völker irgendeine Ausnahmeerscheinung gibt, welche diese charakteristischen Unterscheidungen in Zweifel ziehen könnte. Woher aber stammt dieser dauerhafte Unterschied? Es ist zu befürchten, dass sich die Frage nicht anders als durch das ohnehin schon Gesagte beantworten lässt. Wir müssen die Antwort im ethnischen Bereich suchen. Der Franzose fühlt sich, in welcher Epoche auch immer, geistig zu eher maßvollen, klareren, beherrschteren und diskreteren Formen hingezogen. Er strebt nach transparenter Klarheit, nach einer Kultur von kristalliner Durchsichtigkeit und universalem Vorbildcharakter; er opfert das Individuelle aus Liebe zum Maß, zur Retuschierung und zum Ausgleich von Kräften. Der Deutsche hingegen kultiviert das Besondere, Einzigartige, Mysteriöse und Undurchschaubare, und sein Horizont verleitet ihn bei allen stilistischen Hervorbringungen zum Exzess und zur Maßlosigkeit. Die deutsche Kultur ist lokaler, partikulärer, romantischer, lebhafter, weniger konformistisch und auch nicht so akademisch wie die französische. Der Franzose verkörpert als „Person" einen allgemeinen Typus. Der Deutsche wächst nach innen, er überschreitet gedanklich das Gesetz zwecks Vervollständigung seiner Individualität.

Was ergibt sich daraus für die Fähigkeit der beiden Kulturen, die Mentalität anderer Völker zu beeinflussen? Wesensgemäß meint die französische Kultur, über die Würde eines universellen Wertmaßstabs zu verfügen; sie fühlt sich als „Vorbild" über jede Infragestellung ihres Anspruchs erhaben. Was den „Anderen" betrifft, lässt sie, insofern sie höchstes Beispiel, Gesetz und Archetypus ist, nur die „Nachahmung" zu. Der Franzose hat sich daher in der Selbstzuschreibung dieser Typologie auch nie bemüßigt gefühlt, die Psychologie anderer Völker zu verstehen. Er ist völlig unfähig dazu, aus dem magischen Kreis seines Stils herauszutreten. Dieser Mangel haftete ihm nicht gleich anfangs an, sondern rührt daher, dass er sich im Laufe der Jahrhunderte von Normen vereinnahmen ließ, die er für die eigentlich gültigen hielt. Die französische Kultur diktiert jedem Fremden, der sich ihr annähert: „Sei so wie ich!". Der Franzose wird nie verstehen, dass der Fremde dies ablehnt. Eine solche Haltung wird letzterem schon etwas merkwürdig erscheinen. Die gänzlich anders gelagerte deutsche Kultur wird niemals den Anspruch erheben: Sei wie ich! Die deutsche Kultur ist sich ihrer Bedeutung bewusst, aber sie fühlt sich als etwas Partikuläres, sie kennt ihre Höhen und Tiefen, zugleich aber weiß sie um ihren lokalen und individualistischen Charakter. Sie empfindet sich nicht unbedingt als Vorbild, weil sie nicht zur Klassik tendiert. Bei all ihrem Reichtum an Formen und Bestandteilen ist sie romantisch. Gerade aufgrund ihres Wesens rät sie dem Fremden: „Sei du selbst". Diesen Appell an die Innerlichkeit nicht zu verstehen heißt, das eigentliche Wesen der deutschen Kultur zu verkennen. Der Einfluss des deutschen Geistes auf andere Völker bestand also weniger darin, ein nachzuahmendes Vorbild zu sein, sondern war ein Aufruf dazu, selbst etwas zu sein und sich die eigene ethnische Mentalität bewusst zu machen. Aus der Chemie kennt man Substanzen, die, ohne sich mit bestimmten anderen Elementen zu vermischen, die Verbindung der Elemente untereinander jedoch erleichtern. Jene aktiv mitwirkenden Substanzen, die dabei aber selbst nicht verwandelt werden, nennt man „katalytisch". So gesehen, ist der deutsche Einfluss viel eher katalytisch als vorbildhaft. Er ist ein Agens, das selbstständige Reaktionen auslöst. Er begünstigt die Selbstverwirklichung des Anderen. Er ermöglicht ein Spiel, ohne Mitspieler zu sein. Er leistet „Geburtshilfe" im sokratischen Sinn. Die französische Kultur hingegen ist ein Lehrmeister, der Nachahmung abverlangt; die deutsche Kultur ist eher ein Lehrer, der zur Selbstfindung anregt.[30]

Auch ist zu erwähnen, dass die sogenannte Slawophilie, deren geistige und ideologische Ausrichtung seit einem Jahrhundert in der gesamten russischen Spiritualität spürbar ist, unter der magischen Schirmherrschaft der deutschen Romantik auftauchte und zur Hochblüte kam. Die russischen Denker, die Visionäre der Steppe, die eine bedingungslose Wertschätzung der orthodoxen Lebensführung einforderten und die erstmals Interesse am russischen Muschik (Anm. d. Übers.: „russischer Bauer") zeigten, als einem Messias, der die russische Mission in alle Welt tragen sollte, kommen von einer bekannten deutschen Metaphysik her. Es ist allerdings anzumerken, dass die Russen diese Philo-

[30] Diese Ansichten über die französische und deutsche Kultur wurde schon oftmals von rumänischen Publizisten ohne Quellenangabe ins Treffen geführt. Es ist daher angebracht, daran zu erinnern, dass unsere Untersuchung erstmals im April 1936 erschien.

sophie nicht als eine gewichtige Lehre, die ihr Innenleben hätte erdrücken können, übernommen haben, sondern als einen „Appell“ sich selbst gegenüber auffassten. Es handelte sich mehr um eine Kontaktnahme mit der frühlingshaften Fruchtbarkeit der deutschen Philosophie und ein plötzliches Erkennen der eigenen schöpferischen aus einem seit urdenklichen Zeiten anhaltenden Schlaf. Dies bewirkte allerdings das Gegenteil dessen, was man üblicherweise unter „Einfluss“ versteht. Einige russische Denker hatten sich ganz dem gottgeweihten Muschik verschrieben, seinem lokalen Geist, und von dieser Position aus, von Weihrauch eingehüllt und nach lehmiger Erde riechend, mit eindrucksvoller Willenskraft die gesamte westliche Kultur kritisiert. Diese Infragestellung der europäischen Kultur ging direkt von Russland aus, lange bevor Europa in Form von Selbstkritik zu sich selbst auf Distanz ging. Die Krise der europäischen Kultur wurde als Erste von denen vorausgeahnt, die vom Geist dieser Kultur beflügelt wurden. Am stärksten kam das Slawophilentum bei Dostojewskij zum Ausdruck, der Europa für einen „teuren Friedhof“ hielt. Das Slawophilentum ist ein glänzender Beweis für die „katalytische“ Kapazität der deutschen Kultur. Ein fremdes Volk vermag die Effekte dieser Kultur in erster Linie als Aufruf an sich selbst zu verstehen. Die Ausstrahlung dieser Kultur fordert nicht zur Nachahmung auf, sondern zur Selbstfindung des Bestrahlten und zu einer Reaktion auf alles, was dieser Selbstfindung im Weg stehen könnte. Gewiss verdankt sich auch ein solcher Prozess einem Einfluss von außen, man muss ihn aber anders bezeichnen als eine bloße Nachahmung. Ein kultureller Katalysator ist mit der menschlichen Würde, wie hoch auch immer wir von ihr denken mögen, durchaus vereinbar.

Ebenso wie die Russen sind auch wir, die Rumänen, Grenzgänger, die dem Westen Einiges verdanken. Interessant ist dabei, dass die katalytischen Einflüsse, die zu unserer Selbstfindung aufforderten, fast immer von der deutschen Kultur her stammten. Geht man die rumänische Literatur- und Geistesgeschichte vom Jahre 1800 bis heute durch, so sieht man, dass zumindest die bedeutenderen Augenblicke der Rückbesinnung auf uns selbst bzw. der Suche und Auffindung eines rumänischen Spezifikums direkt oder indirekt der katalytischen Wirkung des deutschen Geistes geschuldet sind. Die Aufbruchsstimmung, in die uns Gheorghe Lazăr versetzte, lässt sich, freilich unter Beachtung der Größenverhältnisse, mit den die deutsche Kultur aufrüttelnden Schriften eines Fichte vergleichen. Mit Lazăr beginnen wir, über die rumänische Sprache zu philosophieren. Er träumte davon, aus dieser Mundart eine Sprache der Hochkultur zu machen. Man vergesse dabei nicht, dass Lazăr ein Schüler des deutschen Denkens war. Irgendwo im Hintergrund standen ihm Schutzgötter zur Seite, von denen er vielleicht gar nichts wusste: die individualistische Monadologie von Leibniz und die Folkloristik Herders. Lazărs Anstoß war zwar entscheidend, möglicherweise aber nicht kraftvoll genug, um die nachfolgende Entwicklung vor jeder Krise zu bewahren. Als irgendwann der römische Geist (antik und katholisch) einige vornehme Köpfe Rumäniens dazu brachte, durch Nachahmung den rumänischen Dialekt komplett zu entstellen, erfolgte die entschiedene und historische Gegenreaktion prompt und war einschneidend. Sie glich einem Schwerthieb, der von einer Persönlichkeit durchgeführt wurde, die ebenfalls dazu ausersehen war, den deutschen Bildungsweg einzuschlagen: Titu Maiorescu. Wir haben diese beiden geschichtsträchtigen Momente allerdings nur im Vorübergehen erwähnt, um uns jetzt ganz auf ein Phänomen von Tiefgang und einzigartiger Breitenwirkung zu konzentrieren, das deutlich unsere These vom deutschen Einfluss untermauert, der wie ein Katalysator auf den rumänischen Geist eingewirkt hat. Die Rede ist vom Dichter Eminescu.

Sein ethnisches Selbstbewusstsein, von dem wir bis heute zehren, bildete sich unter einem starken deutschen Einfluss heraus, aber gleichermaßen war es auch eine Art Zauber, der in ihm die tiefsten unbewussten Quellen des rumänischen Volksliedes freilegte. Man weiß, dass unsere Literaturhistoriker und literarischen Kritiker eine richtiggehende Hetzjagd auf entlehntes Gedankengut bei Eminescu unternahmen. Die Befriedigung darüber, wieder etwas entdeckt zu haben, hinderte aber unsere Historiker und Kritiker daran, das wirkliche Genie des Dichters näher zu beleuchten. Seine Gestalt wurde wie ein Mosaik ungeschickt und würdelos zusammengestückelt. Die wenigen, die sich gegen eine solche äußerliche Methode der Klitterung von Farbsplittern gewendet haben, sprechen mit berechtigtem Enthusiasmus vom

„Geist Eminescus“ und von der „rumänischen Seele“, die beide im Werk des Dichters ihren überragenden Ausdruck fanden. Dennoch sind beide Bezeichnungen zu allgemein. Es handelt sich um schöne Worte, die sich leicht vor sich her sagen lassen, aber eine präzisere Sichtweise nicht ersetzen können. Die Frage ist die: Worin besteht der Geist Eminescus und die rumänische Seele? Der erste Teil der Frage, der sich auf die Inspiration Eminescus bezieht, übersteigt das Niveau der vorliegenden Untersuchung bei Weitem. Weil aber in unserer Arbeit ständig von der rumänischen „Stilmatrix“ und deren „Komponenten“ die Rede war, müssen wir aufzeigen, wie sich diese Matrix bei Eminescu geoffenbart hat. Wenn wir hier von einer Offenbarung reden, so sitzen wir keinem Hirngespinst auf, denn sie fand ja wirklich statt. Sie wurde von anderen Katalysatoren vorangetrieben, als von solchen, die auf der Hand liegen. Das Wichtige wurde stets übersehen. Der Einfluss Schopenhauers und des Buddhismus wurde maßlos überschätzt. Zu wenige sahen, dass diese Einwirkungen für die Charakterisierung der Persönlichkeit Eminescus nicht ausschlaggebend sind. Es handelt sich dabei um oberflächliche Bewusstseinsphänomene, die möglicherweise ganz im Gegensatz zur seelischen Kernschicht des Dichters stehen. Zum wahren Eminescu findet man nur Zugang durch eine einfühlsamere Analyse. Angesichts seines Werks müssen wir wie bei keinem anderen rumänischen Werk das „Unbewusste“ und dessen „Widerhall“ im Blick behalten. Von hier aus muss das Phänomen angegangen werden. Bei Eminescu stoßen wir im Unbewussten auf alle stilistischen Determinanten, die wir schon im Bereich unseres Volksgeists vorgefunden haben, nun aber aufgrund der persönlichen Eigenart des Dichters in anderer Dosierung und Verteilung antreffen. Jener Horizont und wellenförmige Raum, der ein Spezifikum unseres Volksgeistes ausmacht, erscheint in der Dichtung Eminescus durchdringend und nachhaltig. Es stimmt, dass die wellenförmige Struktur des Horizonts bei Eminescu nicht so sehr durch die „Hochgebirgsweide“ symbolisiert wird, sondern durch die Vorstellung des „Meeres“ und des „Wassers“. Das wiegende Auf und Ab der Wellen sind die am häufigsten vorkommenden Stilelemente in seinen Gedichten. Man könnte sogar sagen, dass Eminescu wie unter Hypnose immer wieder auf diesbezügliche Ausdrücke zurückgreift. Das Meer veranlasst ihn aber nicht, sich im Unendlichen zu verlieren oder sich von einem stürmischen Wind mitreißen zu lassen, sondern versinnbildlicht einen wiegenden Wellengang und deutet auf eine gewisse schicksalsbedingte Melancholie hin, auf einen inneren Rhythmus der Abwechslung von aufsteigenden und abfallenden Wellen. Auf das Geratewohl greifen wir einige Beispiele zur Illustration dieses räumlichen Horizonts heraus.

> Himmlisch und leicht
> leuchtet das Sternenheer
> Wassern und Fernen her,
> bis es erbleicht.
>
> Hin zu dem Ziel
> richtet den schwankenden Mast,
> schleppt seiner Planken Last,
> stampfend der Kiel.
>
> Burgengleich ragt
> Schiffbord, wo wegsame,
> grenzenlos regsame
> Einsamkeit tagt.
> (a.a.O., S. 248)

Im Gedicht *Abendstern* ist vom folgenden Landschaftshorizont die Rede:

> Sein Zitterlicht fällt weit und breit
> auf Berg und Wald wie immer
> und spinnt die Wassereinsamkeit
> in wogendes Geflimmer.

Das Gefühl der Wiege:

> Wellenatmend, lichtumflossen,
> von des Riedes Kranz umschlossen,
> ruht der Weiher, rings umriegelt.
> Klar sich ihm im Grunde spiegelt
> Mond und Sonne, groß und heilig,
> Wandervogelzugvolk eilig.

Mond und Sterngebilde blinkend,
Schwalbenhusch, die Lüfte trinkend,
und der Liebsten Bild, mir winkend.

Und noch das Bild eines ganzen Kosmos, durchzogen vom Gefühl der Wiege:

Wald, was wiegst du dich und biegst?
's ist kein Wind, kein Regen schlägt
doch dein Laub, das rauscht und fegt.

Die Struktur des „wellenförmigen" Horizonts ist bei Eminescu vom Gefühl des Schicksals durchtränkt.

Außerdem stoßen wir in seinem Werk, allerdings seltener, auf ein sophianisches Moment. Das Gedicht *Abendstern* enthält nicht nur märchenhafte Motive, sondern spiegelt in seiner ganzen Atmosphäre die Aura der in die Welt herabsteigenden Transzendenz wieder. Als Person verstanden ist der Abendstern wie in den gnostischen Systemen brüderlich mit den zwischen Himmel und Erde vermittelnden Äonen verbunden. In der ersten Fassung des Gedichts *Abendstern*, im ersten Versuch das Eminescu inspirierende Märchen als ein Gedicht in Versform darzustellen, heißt der Abendstern „Äon". Am Schluss der endgültigen Fassung des Gedichts spricht der personifizierte Lichtbringer, nunmehr zur statischen und herrscherlichen Gestalt erhoben, in Form eines göttlichen Engels die Worte:

Euch lebt das Glück in enger Welt,
wo Schwach- und Kleinheit erblich;
Ich leuchte hoch am Himmelszelt,
unfühlend und unsterblich.[31]

Das Streben zum Pittoresken kann anhand der Gedichte Eminescus äußerst gut belegt werden. Es genügt, etwa an das Gedicht *Călin* zu erinnern. Und wenn es gilt, das Feingefühl des Dichters für Nuance und Diskretion zu belegen, so sollte man das Gedicht *Abend am Berge* oder die Verse *„Und wenn die Pappel flüsternd*

[31] Alle Beispiele, mit Ausnahme des ersten Bruchstücks (a.a.O., S. 248) sind aus der von der Rumänischen Akademie preisgekrönten Eminescu-Übersetzung Konrad Richters (Jena und Leipzig 1937) genommen.

bebt / ans Fenster Zweige streifen" fast ganz zitieren. Jenseits dieses Bündels stilistischer Determinanten, die zwar persönlich gefärbt sind, jedoch zum kulturellen Hauptstrom der Ethnie gehören, gibt es im Unbewussten Eminescus auch ganz persönliche Züge, die aber eindeutig zur Stilmatrix seines Volkes gehören. Damit wollen wir ein seelisches Kerngebiet herausarbeiten, ein zentrales Kraftfeld, das eine schwer bestimmbare Mentalität ausstrahlt. Um zu diesem Kern vorzudringen, verweisen wir nebenbei auf einige Forschungen der Tiefenpsychologie. Hervorragende Gelehrte haben gezeigt, um gleich bei einem konkreten Beispiel zu bleiben, dass beim Amerikaner von heute mit seinen angelsächsischen Wurzeln unterbewusst ein festgefügtes menschliches Ideal vorherrscht, dem er, welcher Gesellschaftsschicht auch immer er angehören mag, nachstrebt, ohne sich dabei bewusst zu machen, dass er sich davon in allen Lagen des alltäglichen Lebens, ob insgeheim oder offensichtlich, beeinflussen lässt. Das unterbewusste Ideal, dessen Magie das ganze Leben des Amerikaners durchzieht, wird von der männlichen Figur des indianischen Stammeshäuptlings verkörpert, so wie wir sie auch aus der Jugendliteratur her kennen, und gegen den die Vorfahren des heutigen Amerikaners zu kämpfen hatten. Wenn wir den alltäglichen Rumänen oder den Balkanmenschen überhaupt (ohne dass dies abwertend gemeint wäre) tiefenpsychologisch untersuchten, so würden wir in dessen seelischen Abgründen ebenfalls ein gemeinsames Männlichkeitsideal entdecken, nämlich dasjenige des „Heiducken". Viele psychologische Aspekte der Balkanbewohner lassen sich aus der im seelischen Schattenreich verankerten Beständigkeit dieses kollektiven, für eine ganze Region charakteristischen Ideals herleiten. Aber darauf werden wir jetzt nicht näher eingehen. Wir wollten nur ein paar Beispiele anführen. Denn wie der Amerikaner sich unterbewusst mit dem Indianerhäuptling identifiziert, und der balkanische Mensch mit dem Heiducken, so scheint auch Eminescu selbst sein ganz besonderes unterbewusstes Ideal zu haben: Es ist der „junge Woiewod". Als Lichtgestalt, die der Überlagerung mehrerer Bilder aus der rumänischen Geschichte vor dem Jahr 1500 entspringt, ist der rumänische Woiewod für Eminescu das heimliche Vorbild, das ihn einnimmt, eigene Unzulänglichkeiten kompensiert und ihn magnetisch anzieht.

Unterbewusst gibt die Bezugnahme auf das Ideal des Woiwoden den Maßstab seiner Gestalten vor. Eminescu sieht sich als junger Woiewod. Manchmal zeigt sich das deutlich, manchmal auch nur indirekt durch den „Widerhall" seiner Dichtung. In einigen Gedichten kommt diese Identifikation eindeutig zum Vorschein. Das Gedicht *Doina* ruft Stephan den Großen auf den Plan. Der Dichter fordert den großen Woiewoden auf, dasjenige zu tun, was er selbst machen würde:

Stephan! Stephan! Fürst und Held!
Kehr' aus Putna in die Welt
Lieber heute noch als morgen!
Lass den Abt fürs Kloster sorgen …

Der *Abendstern* (das Sinnbild der „Idee Eminescu") nimmt folgende Gestalt an:

Er ist ein Königssohn; es sprengt
Das Goldhaar Haft und Haken.
Doch um die nackten Schultern hängt
Ein leichenblaues Laken.

Wir müssen jetzt nicht eigens die *Briefe* bewerten, in denen eindringlich und thematisch die Epoche der Woiewoden heraufbeschworen wird. Dass sich Eminescu zu dieser Epoche hingezogen fühlte, ist eine auf der Hand liegende Tatsache, die schließlich jeder Gymnasiast kennt. Sie ist nur ein sichtbares Zeichen einer seelischen Haltung und Befindlichkeit, die einem tieferen Kern der Persönlichkeit Eminescus entspringt. Wir halten entschieden daran fest, dass die unterbewusste Identifikation mit dem „jungen Woiewoden" einen integralen Bestandteil der seelischen Struktur und Befindlichkeit Eminescus ausmacht. Eines seiner vollendetsten Gedichte ist zweifellos der Brief, den der junge Woiewode „seiner Geliebten weit weg von Argeş/dt. Argesch" schreibt:

Aus dem Rovinaer Tale
Schicken, Herrin, wir mit Schalle
Botschaft Euch und auch mit Briefen,
die weithin bis zu Euch liefen.
Euch, Herrin, bitt' ich mit Bedacht;
das Schönste aus der Heimat Pracht

schickt, was sie Euch hervorgebracht:
Hochwald mit den Waldesauen,
Augen mit den Augenbrauen.
Auch ich werd‘ Euch von hier aus senden
Das Trefflichste aus unseren Händen:
Unsere Heer mit Fahnenneigen,
Hochwald mit den grünen Zweigen,
auf hohem Helm Federn von Pfauen,
Augen mit den Augenbrauen.
Wisset noch: ich bin gesund,
dank‘ Jesu Christ von Herzensgrund
und küsse, Herrin, Euren Mund.

Dieses poetische Wunderwerk (wie viele davon gibt es sonst in der Weltliteratur?) kann weder nur das Erzeugnis einer thematischen Vorliebe noch auch das Produkt eines romantischen Dichters sein, das ihm zufällig unter die Hände kam. Auf zu natürliche und zu organische Weise bricht das Gedicht aus der Seele des Dichters hervor, als dass wir uns mit einer solchen Interpretation zufriedengeben könnten. Die Lyrik Eminescus mit ihren hart wie bei Leonardo erarbeiteten Formulierungen zwecks Perfektionierung ein und desselben Motivs verfügt über eine solche Natürlichkeit und zugleich auch über eine so suggestive, kraftvolle, aber auch zarte Naivität, dass der Dichter gerade im richtigen Augenblick schließlich wie ein „junger Woiewod“, seinem unterbewussten alter ego zu schreiben imstande ist. Jenseits der historisch-romantischen Thematik, die auch Nebensache sein könnte, stellt die Identifikation des Dichters mit dem jungen Woiewod ein Wesensmerkmal dar, ohne welches Eminescu nicht mehr er selbst wäre. Dem Dichter scheint der Wald zuzuflüstern:

In der Schatten dunkeln Gründen
will ich dir ein Schloss erbauen,
und mit klugen schwarzen Augen
sollst du tief ins Wasser schauen.
Wenn das hohe Gras im Winde schwankt,
wenn die Welle rauschend flieht,
sollst du heimlich stehen und horchen,
wie der Hirsche Rudel zieht.

Vom Bild des Woiewoden ist er besessen. Es ist vollendet und wird zur Metapher mit vielen Bedeutungen. Etwa hier, wo der Wald ein solcher Woiewod zu sein scheint.

> Held und König ist der Bergwald,
> und von königlichen Gnaden
> lebt die Sippe ihm zu Füssen
> reich mit Schätzen überladen.
> Abendstern und Mond und Sonne
> Trägt er stolz in seinem Wappen;
> Edle Damen sind am Hofe,
> manche Herrn von Hirsch als Knappen.

Es ist die sakrale Schau des Woiewoden auf die Natur. So bewahrt sich bei Eminescu auch dann noch etwas von der heiligen Aura des Woiewoden auf, selbst wenn der „Woiewode" gar nicht mehr eigens genannt oder beschrieben wird. Eminescu besingt die Natur so, dass in ihr die Anwesenheit eines Woiewoden spürbar wird, selbst dann, wenn er keinerlei Erwähnung findet. Als tieferliegendes alter ego ist der „junge Woiewod" ein unterschwelliges Subjekt der Gedichte. Wald, Meer, Welt, See, Hügel, Tal sind von den meisten Dichtern besungen worden, aber all dies gewinnt bei Eminescu eine herrschaftliche, beinahe sakrale Würde; mitten darin scheint ständig der junge Woiewod präsent. Ob nicht die spezifische Melancholie Eminescus aus dem Missverhältnis zwischen dem realen Bewusstsein und der Vision der Natur herrührte, d. h. aus der unterbewussten Sehnsucht, die von der geheimen Präsenz des Woiewoden ausgelöst wurde? Es ist eine ganze, gefühlte und durchlebte Welt, die sich in der Seele Eminescus rund um eine Gestalt aufbaut, mit der er sich identifiziert. Deren unsichtbares, geheimnisvolles und ständiges Vorhandensein verleiht der Welt des Dichters eine einzigartige Atmosphäre. Meistens handelt es sich nur um eine Stimmung, um eine Tonlage, um unwägbare Elemente von poetischer Magie, die nur erahnt, vag vorgestellt und vermutet werden kann. Man nehme das Gedicht *Über den Wipfeln:*

> Grosser Mond im Laub. Und leise
> flüstert es im hohen Wald,
> durch die Erlenzweige schallt

wehmutsvoll des Hornes Weise
ferner – leiser – leise – ferne –
Und es tröpfelt, drängt und quillt
mir ins wunde Herz und stillt,
stillt es: sterben möcht ich gerne.
Warum schweigst du, holdes Tönen,
das mein Herz begierig trank?
Ach, ich werde deinen Klang
früh zu missen mich gewöhnen.

Lässt man die Aura des Woiewoden über die Gestalt Eminescus hinauswachsen, so wird man die heilige Ruhe dieser Schwermut verstehen. In vielen seiner Gedichte, und vielleicht in den charakteristischsten, kommt die lyrische Ausgestaltung durch die Verschmelzung mit einem Traum vom Woiewoden zustande. In dieser Hinsicht wollen wir eine Parallele zwischen Eminescu und einem anderen großen Dichter ziehen. Wir denken hier an den deutschen Dichter Stefan George (wobei dieser Vergleich keinesfalls zum Nachteil Eminescus ausfallen kann, denn Stefan George hat ein gutes Stück später nach dem Tod unseres Dichters zu schreiben begonnen). Die geistige Welt Stefan Georges ist, so meinen wir, nach dem unterbewussten Vorbild eines Idealtypus aufgebaut, von dessen Zentrum aus sich ständig Licht und Farbe von ganz spezieller Art auf seine von ihm geschaffenen Objekte und seine dazugehörigen Erlebnisse ausbreitet: Wir haben es diesmal mit der heimlichen Anwesenheit eines mittelalterlichen römisch-deutschen Herrschers inmitten von Natur und Welt zu tun. Es ist jener Kaiser, der den weiten kontinentalen Raum symbolisiert und dem italienisch-deutsche Attribute zugeschrieben werden. Unter seiner Herrschaft sehnt sich auch der nördliche Mensch nach dem Süden, und der finstere Barbar will sich selbst überwinden, indem er zur Sonne hinaufblickt.

Mit diesen skizzenhaften Betrachtungen beanspruchen wir nicht, den komplexen Geist Eminescus erschöpfend behandelt zu haben. Schon der zu untersuchende Gegenstand selbst verbietet das. Dennoch verschafft es uns Freude und Genugtuung, dass wir auf gewisse Charakteristika dieses Dichters, die schlüssig in unser Konzept der rumänischen Stilmatrix passen, aufmerksam machen konnten. Es ist ein tiefer, organisch-rumänischer Prozess, der sich hier vom Unbewussten her, in erster Linie dank der geistigen Substanz des Dichters, Bahn gebrochen hat, aber nicht zuletzt sich auch fremden Einflüssen verdankt, die im Wesentlichen ständig zur Selbstfindung aufrufen. Auch Bolintineanu und Alecsandrì/dt. Alexandrì haben die rumänische Vergangenheit und Gegenwart besungen, aber bei ihnen bleibt alles äußerliche Thematik, bloßer Dekor, bewusster Lokalpatriotismus. Es handelt sich bei ihnen um bloße Surrogate in Form von klaren und mit Fleiß erstellten Imitaten von Vorbildern. Die pastellartigen Gedichte von Alexandri behandeln rumänische Themen, folgen aber immer dem Motto: Seien wir Rumänen. Wenn Eminescu vom „lieblichen Horn“ spricht, suggeriert er eine Welt von unterschwelliger Melancholie und eine Natur, in der man, ohne dass sie erwähnt wird, das Vorhandensein dunkler Geheimnisse herausspürt, die in Worte nicht zu fassen sind. Die Dichtung Eminescus spielt sich auf mehreren Ebenen ab. Sie ist voller „Widerhall“ aus dem Unbewussten. Hier ist nach dem authentischen Eminescu zu suchen, nicht aber in wertlosen Erinnerungen an Schopenhauer bzw. den Buddhismus zu stöbern, oder in Wandermotiven, die dem romantischen Zeitgeist geschuldet sind. Nur eine zur Hintergrundanalyse eines literarischen Werks unfähige Kritik konnte mit ihren engen Ansichten über Eminescu so viel Staub aufwirbeln. Ja, es gibt eine „Idee Eminescu“, diese aber wurde innerhalb des Rumänentums erschaffen. Sie kann leicht vor Verirrungen bewahrt und noch leichter von der Asche fremder Vulkane gereinigt werden. In dem Augenblick, da Eminescu selbst imstande war, Gedichte zu schreiben, muss er in erster Linie nach diesen beurteilt werden, sonst träfe man sein Wesen nicht. Es gibt eine „Idee Eminescu“; sie verwirklichte sich, als ihr die Stunde schlug, erstens weil ein Mensch mit entsprechendem Wesen und diesbezüglichen Fähigkeiten geboren wurde, und zweitens, weil die kulturellen Umstände, durch deren Schule dieser Mensch gegangen war, seinen dichterischen Versuchen entgegenkamen.

Zur Untermauerung unserer These vom katalytischen, über das bloße Vorbild hinausgehenden Einfluss, würde das Beispiel Eminescus genügen. Da uns aber noch ein zweites Beispiel zur Verfügung steht, sei auch an dieses erinnert. Durch seine idyllische Schönheit fand das rumänische Dorf auch bei einem anderen

Dichter lobende Erwähnung. Auch ihm war es gegeben, durch die richtige Schule der Selbstfindung zu gehen. Sie haben richtig geraten. Die Rede ist von Gheorghe Coşbuc/dt. Coschbuc. Was den dichterischen Stoff betrifft, ist Coşbuc sogar rumänischer als Eminescu. Coşbuc arbeitet das rumänische Spezifikum durch die Beschreibung des folkloristischen Lebens heraus. Desgleichen ist auch das Temperament Coşbucs ein Echo des bäuerlichen Temperaments. Bei Eminescu liegt die rumänische Stilmatrix von vornherein und unbewusst auf einem höheren Niveau. Eminescu vertritt ein sublimiertes, komplexes und kreatives Rumänentum. Er steht der rumänischen Idee näher, während Coşbuc näher bei den rumänischen Phänomenen ist; Coşbuc verkörpert das rumänische Volk mehr im Sinne einer plebiszitären Zustimmung, während Eminescu sich von einer göttlichen Ordnung leiten lässt.

Bedauerlicherweise hat unsere Literaturkritik auf Schritt und Tritt eine Verwirrung gestiftet, deren Beseitigung unser ganzes Bemühen galt. Es muss das wichtige Problem des Unterschiedes zweier kultureller Einflüsse thematisiert werden. Die Unterscheidung zwischen einem „katalytischen“ und einem „modellierenden“ Einfluss ergibt sich aus dem Wesen der Kulturen selbst und den daraus gezogenen Schlüssen. Die rumänische Kultur stellt ein weites Feld zur Überprüfung dieses Unterschiedes zur Verfügung. Die eine Linie steht unter dem katalytischen Einfluss der deutschen Kultur (Gheorghe Lazăr – Kogălniceanu – Maiorescu – Eminescu – Coşbuc), ihr können wir eine französische Linie gegenüberstellen (Alexandrescu – Bolintineanu – Alexandri – Macedonski), die sich unter einem „modellierenden“ Einfluss herausbildet und vollendet. Neben diesen beiden Hauptlinien gibt es auch Zwischenformen. Wir gehen allerdings jetzt nicht auf lebende Personen ein. Dies überlassen wir dem Leser. Wir weisen nur auf Caragiale hin, der einer solchen Mischform angehört. Seine Epigramme kommen von der Population der südlichen Halbinsel her, hingegen sagt man, dass Caragiale die deutsche Musik beinahe religiös verehrt hat. Seine Theaterstücke bezeugen jedenfalls einen starken französischen Einfluss. Gewöhnlich glaubt man, Caragiale habe nur eine authentische Welt gekannt: die balkanisch-rumänische Vorstadt, mit der ihn eine Art Hassliebe verband. Man vergesse auch nicht die Erzählung *Her-*

berge, in der Caragiale mit anfangs ganz bürgerlichen Personen eine fast balladeske lokale Atmosphäre herstellt. Welcher Reichtum in der Verflechtung von Elementen des natürlichen Lebens und der Magie, der süd-osteuropäischen Pittoreske und des überdimensionierten Abenteuers in den Erzählungen! Die Gabe, mit der es Caragiale versteht, alle Elemente zu dosieren und uns eine so komplexe Schau zu vermitteln, ohne dabei zu übertreiben, gewährt einen Einblick in sein Seelenleben, das wir durch die bei ihm überall vorkommende scharfzüngige Satire allzu oft übersehen.

Vom typischen Rumänentum

Trotz aller Einflüsse, die sinnlos unseren Boden streitig machen wollten, und trotz aller Eingriffe, die in unserem Land und in unserer Volksseele ihr Unwesen trieben, gibt es ein „Rumänentum“, das als ein höher liegender Komplex, als eine höhere Konstellation mit ganz besonderen geistigen Komponenten zu verstehen ist. Über die Blutsverwandtschaft hinausgehend, verfügt das Rumänentum über ein stilistisches Erbe, das zum Teil ganz eigenständig ist, zum Teil aber auch nicht, sich diesfalls aber funktionell und wohldosiert an den seelischen Kern des rumänischen Stils anpasst. Es gibt eine lebendige stilistische Matrix, die Licht auf das ganze Ensemble des Rumänentums wirft, sei es auf seine schon hervorgebrachten, sei es auf seine noch möglichen Werke. Dank dieser stilistischen Matrix spricht nichts dagegen, das Rumänentum in einem facettenreichen Gesamtbild zusammenzufassen. Damit haben wir, über das bloß Faktische und Spielerische von Folklore und Geschichte hinausgehend, dem Rumänentum ein weltanschauliches Leitbild zugewiesen. Es ist ein durchsichtiges Bild mit Blick auf schöpferische Potenzen. Worin bestehen diese? Es handelt sich in erster Linie um einen gewellten Raumhorizont, den wir den „mioritischen“ nennen, und gleichzeitig auch um einen sich wiegenden zeitlichen Horizont. Beides dient der geistigen Orientierung. Mit diesen Horizonten verbindet sich vor allem ein Gefühl des Schicksals, das ebenfalls in Wellenform erlebt wird, als eine Abwechslung von Aufstieg und Abstieg, als ein Fortschreiten in eine himmlische Heimat, wo erhebende Momente des Vertrauens und Tiefpunkte der Resignation rhythmisch aufeinanderfolgen. Schließlich folgen die weiteren stilistischen Determinanten: Eine offensichtliche Vorliebe für das „Organische“ der Welt und eine Tendenz zur „sophianischen“ Verklärung der Wirklichkeit. Das formative Streben tritt besonders bei den richtungsgebenden geometrischen Linien und abstrakten

Gebilden in Erscheinung, allerdings durch organische Strukturen abgemildert. Hinzu kommt eine unüberwindliche Liebe zum Pittoresken und gleichfalls ein ausgeprägter Sinn für Maß und Gänze. Zur Abrundung der Gesamtschau halten wir noch fest, dass alle Stilelemente in gedämpftem Maße auftreten; ihr Erscheinen ist sehr verhalten; alles ist erstaunlich nuanciert und in diesem Sinn auch diskret.

Zwecks Herausarbeitung der Grundzüge des Rumänentums haben wir uns auf keinen historischen Beitrag eingelassen, ob er nun gesichert oder problematisch wäre. Wir behandeln gemäß unserer Stiltheorie nur Eindrücke aus der Kultur der Folklore. Uns hat keinen Moment die geschichtliche Entstehung dieser Eindrücke interessiert, sondern nur ihre Beschreibung, ihr Wesen und ihr Hintergrund. Wir haben uns von Spekulationen ferngehalten, die danach fragen, unter welchen geschichtlichen Einflüssen die Stilelemente stehen, ob dakisch, slawisch oder römisch. Diese Fragen – was heißt dakisch, slawisch, römisch? – sind für uns nicht wichtig. Sie sind weder essentiell noch laden sie dazu ein, Rätsel zu lösen. Derartige Fragen führen uns nach derzeitigem Forschungsstand in ein riesiges Labyrinth, für das Ariadne noch keinen rettenden Faden gesponnen hat. Gesicherte Aussagen hören sich auf diesem Gebiet dann auf, wenn wir beispielsweise die Grenzen der Philologie überschreiten, und die Philologie scheint wiederum nicht bis an die Schwelle der entscheidenden Grundlagen der Kulturphänomene heranzuführen. Daher glaubten wir, uns auf viel sichererem Boden zu bewegen, wenn wir versuchen, eine bestimmte Anzahl stilistischer Determinanten von deutlicher Wirksamkeit zu beschreiben, und auf diese Weise einzelne Aspekte hervorzuheben, die aus unserem Volk eine gewisse Einheit machen. Zugleich waren wir uns von Anfang bewusst, dass wir uns auf einem Terrain flexibler Phänomene sowie in einer Atmosphäre von Unwägbarkeiten und in der Luft liegenden Dingen bewegen. Nur durch eine leichte Übertreibung ins Abstrakte können diese biegsamen Linien zu sicheren Linien der Orientierung führen. Diese Freiheit nehmen wir uns heraus, denn keine Weltanschauung kommt ohne sie aus. In unserer Untersuchung *Horizont und Stil* haben wir gezeigt, dass auch die zur Bildung einer stilistischen Matrix paarweise auftretenden Elemente selbst die Rolle von „Kategorien“ spielen. Unbewusst prägen sie alle menschlichen Hervorbringungen, d. h. Weltgestaltungen des Menschen. So könnte man allgemein über eine Art „Apriorismus“ der menschlichen Spontaneität sprechen, zum Unterschied vor allem des einfachen Apriorismus der „Erkenntnis“. Der stilistische Apriorismus wird vom Unbewussten beherbergt und befeuert. Wir stellen uns vor, dass er von einer Region zur anderen, von einem Volk zum anderen variiert. Die Ausführungen, die uns die ganze Untersuchung hindurch beschäftigen, berechtigen uns, von einem rumänischen Apriorismus zu sprechen. Man schrecke vor diesem Ausdruck nicht zurück. Er bedeutet im Grunde nur eine genauere philosophische Bestätigung, dass es aktive stilistische Faktoren gibt, die unserem ethnischen Volksgeist seinen unverwechselbaren Stempel aufprägen.

Dass die „stilistische Matrix“ durch unglückliche Umstände an ihrer vollen Entfaltung gehindert wurde und nur auf geringerem Niveau zum Ausdruck kommen konnte, allerdings mit einer blühenden Volkskultur (zum Unterschied von westlichen Völkern), ist noch kein endgültiges Urteil. Es spricht einiges dafür, dass unser unbewusster Geist sich künftig noch höher entwickeln wird. Wie weiter oben dargelegt, kann unsere „Geschichte“ keine bloße Abfolge von naiven Formen, keine rein aus sich selbst entspringende, parthenogenetische und unbeeinflusste mehr sein. Ebenso ist davon auszugehen, dass eine real existierende Stilmatrix auch über eine enorme Fähigkeit der Assimilierung von Fremdeinflüssen verfügt. Sie kann sich dabei aber trotz aller Umbildungsversuche von außen selbstständig behaupten. Sie wird allerdings nicht mehr imstande sein, sich von derlei äußeren Einmischungen völlig abzuschirmen. Weil sie nunmehr in den kontinentalen Stil eingebunden ist, wird sie von nun an auch immer mit entlehnten Formen arbeiten. Dennoch kann sie sich aber ihre Souveränität bewahren.

Wenn wir mit gebührender Aufmerksamkeit die Geschichte der westlichen Völker Revue passieren lassen, so stellen wir deren ausgeprägte Rhythmik fest. Die Geschichte des französischen, des deutschen, des italienischen Volkes stellt sich als eine Abwechslung dar, als eine Kadenz von „Epochen“. Alles spielt sich bei den westlichen Völkern so ab, als würden sie ihre bildungsmäßigen und baulichen Möglichkeiten sukzessiv entfalten. Diese Art von Geschichte hat Dynamik, ist dialektisch sowie absolut zeitlich, ein rhythmisches Nacheinander, und ist jedenfalls typisch für westliche Völker. Es stellt sich allerdings die Frage, ob eine Geschichte höheren Typs einen solchen sukzessiv-dialektischen Verlauf nehmen muss. Aus der Kenntnis der Geschichte anderer Völker, in erster Linie der asiatischen, gewinnen wir den Eindruck, dass auch eine Geschichte möglich wäre, in der die Kultur eines Volkes, zeitlich freilich, all ihre Möglichkeiten simultan, parallel und geradewegs aufsteigend verwirklicht; also nicht sukzessiv-dialektisch in mehr oder weniger einseitigen Phasen, sondern massiv in kontinuierlichem Wachstum. Die wesentlichen Möglichkeiten einer Stilmatrix können sich demnach auf höherer Ebene sukzessiv-dialektisch oder simultan in gerader Linie entwickeln. Welchen Weg die rumänische Stilmatrix einschlagen wird, lässt sich schwer voraussagen. Manchmal kann aber eine schlichte Feststellung an Stelle einer Prophetie stehen: Wir gehören weder dem Westen noch dem Osten an. Wir sind, wo wir sind: Mit allen unseren Nachbarn müssen wir uns auf unserem Stück Erdboden ins Einvernehmen setzen.

Die rumänischen Kulturschaffenden, die mit heiligem Ernst ihre Fackeln durch die Stürme tragen, geben seit hundert Jahren und noch mehr ihr geistiges Erbe von einem an den nächsten weiter. Keinem von ihnen kann man aber die Überheblichkeit oder den Verlust an Selbstkontrolle vorwerfen, unserem Volk eine missionarische Aufgabe zuzumessen. Sie haben gut daran getan, sich solcher Übertreibungen zu enthalten. Wenn man in Europa genügend herumgekommen ist, kennt man die komische und skurrile Seite der Selbsteinschätzung mancher unserer sendungsbewussten Nachbarn, denen jegliche Selbstironie abgeht. Vor einer solchen sterilen Anmaßung hat uns Gott sei Dank der gesunde Menschenverstand bewahrt. Hoffentlich werden wir dieser Rolle auch in Zukunft ohne messianisches Bewusstsein gerecht. Seit einiger Zeit können sich nicht einmal mehr Völker von Weltrang eines solchen Messianismus rühmen, weil er wie ein schlechtsitzendes Konfektionskleid wirkt. Bis jetzt ist noch kein Volk mit einem messianischen Programm groß geworden.

Eine aufmerksame und genaue Untersuchung unserer Volkskultur führt aber zum trostreichen Schluss, dass es eine rumänische Stilmatrix gibt. Wir behaupten zu Recht, dass ihre latenten Seiten noch ein großes Entwicklungspotential enthalten. Ohne einen Einspruch befürchten zu müssen, können wir sagen, dass wir reichlich über außergewöhnliche Fähigkeiten verfügen. Nüchtern beurteilt glauben wir, dass unsere künftige Kulturblüte Licht auf unser Stück Erde werfen wird. Ohne uns Illusionen zu machen, können wir hoffen, dass der Stolz unserer geistigen und historischen Initiativen dann und wann wie ein Funke auf die führenden Köpfe anderer Völker überspringt. Den Rest müssen wir dem Schicksal überlassen.

Austria: Forschung und Wissenschaft – Philosophie

Lucian Blaga
Das dogmatische Weltalter
Aus dem Rumänischen übersetzt von Rainer Schubert

„In der vorliegenden Untersuchung werden wir zu zeigen versuchen, dass das Dogma über seine metaphysische Formulierung hinaus noch einen *methodologischen* Sinn verbirgt, welcher kurioserweise bis jetzt weder von Philosophen noch von Theologen ausreichend erfasst wurde. Nach Erfüllung dieser Aufgabe kommen wir auf natürliche Weise zu Fragestellungen, die äußerst folgenreich sein könnten. Wäre es nicht möglich, der Philosophie neue Perspektiven durch die Einpflanzung der bislang fast ausschließlich auf dem Gebiet der Theologie angewendeten „dogmatischen" Methode zu eröffnen, einem Gebiet, welches gänzlich zu diskreditieren sich das philosophische Denken bemüht hat?" *(Lucian Blaga)*

Bd. 18, 2014, 192 S., 24,90 €, br., ISBN 978-3-643-50610-8

LIT Verlag Berlin – Münster – Wien – Zürich – London
Auslieferung Deutschland / Österreich / Schweiz: siehe Impressumsseite